구본형 선생님께 배운

진짜 공부

구본형 선생님께 배운

— 수희향 지음 —

진짜 공부

나는 아직도 배우고 있다.

_ 미켈란젤로

프롤
로그

누구에게나
진짜 공부가 필요한 시절이 찾아온다

1

2008년 가을, 인생의 막다른 골목에 몰려, 나는 속절없이 무너지고 있었다. 결혼과 일, 둘 중 하나를 선택해야 했던 시대에 태어난 나는 일을 골랐고, 그간 쌓아올린 커리어가 중심을 잃고 휘청이자 인생이 뿌리부터 흔들렸다.

답이 필요했다. 잘못이라면 그저 열심히 산 것밖에 없는 거 같은데 도대체 내가 뭘 잘못한 건지 누군가 속 시원히 말해주기 바랐다. 여기저기 물음표를 던졌으나 그럴싸한 느낌표는 돌아오지 않았다. 그때 처음 알았던 것 같다. 나이가 많다고 인생을 다 아는 것은 아니라는 사실을. 다들 해소되지 않는 물음표를 안고 그냥 살고 있었고, 혹은 물음표조차 없었다.

책을 집어 들었다. 나보다 훨씬 똑똑한 지식인들은 분명 무언가를 알려줄 것 같았다. 그러나 그들은 대답 대신 내가 서 있는 좌표를 알려주었다. 그들에 의하면 나는 인생의 변환기, 그러니까 심리학적으로 말하면 2차 사춘기라고 불리는 인생 중반의 전환기에 들어서 있었다. 사춘기를 너무 모범생으로 보내서였을까. 내게 인생 중반의 변환기는 감당하기 어려울 정도로 혼란스러웠고 그만큼 아팠다. 도대체 지금까지 난 누구를 위해, 무엇을 위해 살아온 걸까? 내 인생이라고 믿고 달려왔는데 하나도 기쁘지도 행복하지도 않았다. 그저 늦가을 스산한 낙엽처럼 삭막한 기운이 온 몸을 휘감고 있을 뿐이었다. 너무 춥고 외로웠다. 세상에 나 혼자 덩그마니 남겨진 것 같았다……

탈출구를 찾기 위해 자기계발서를 들춰보기 시작했다. 자기계발서들은 어떻게 해야 삶을 다시 일으켜 세울지 알려줄 것 같았다. 수많은 자기계발서들을 읽으며 내가 얻은 하나의 답은 인생에서 어떤 변화를 도모하려면 '1만 시간의 법칙' 혹은 '십 년의 법칙'이 필요하다는 사실이었다. 특정 궤도를 그리며 달리던 인생을 다른 궤적의 삶으로 변화시키기 위해선 '전환의 시간'이 필요하다는 뜻이었다. 그런데 문제가 있었다. '전환의 시간'이 필요하다는 말은 알겠다. 그런데 그 전환의 시간을 무엇으로 채워야 하는지, 어떤 과정을 거쳐야 하는지 구체적인 샘플을 보여주는 책은 찾을 수가 없었다. 고작해야 변화란 이러저러한 것이라고 열심히 설명한 뒤 맨 마지막 페이지에선 그래서 당신이 변하려면 1만 시간이 필요하다고 끝을 맺고 있었다. 허탈했다.

책 속의 길은 어딘가에서 끊어져 있었다. 갈증은 더해지고 답답함이 가슴을 눌렀다.

그때 우연을 가장한 필연처럼 나의 스승님 구본형을 만나게 되었다.

제자가 준비되면 스승이 나타난다는 우파니샤드의 문장은 나를 두고 한 말이었다. 오랜 시간 돌고 돌아, 인생 중반에 이르러 비로소 난 배울 준비가 되었던 것 같다.

그렇게 2009년 이제는 고인이 되신 고 구본형 선생님의 변화경영연구소 연구원이 되어 올해로 딱 10년차에 이르렀다. 모든 자기계발서에서 이구동성으로 결론 내리는 '1만 시간의 법칙'에 따르기 위해 내 인생의 중대한 10년을 투입했다. 시작은 두려웠다. 새로운 삶에 필요한 필살기를 연마하는 몇 년간은 다시 돌아가기 싫은 과거만 희미하게 보일 뿐, 사방은 심연의 어두움뿐이었다. 스승님의 말을 붙잡고 어렵게 심연을 통과한 뒤 이젠 마음껏 날아오르는가 싶었더니 아직 마지막 관문이 기다리고 있었다.

이제 두 달이 지나 2018년 12월이 되면 회사 문을 박차고 나와 새로운 삶을 시도한 지 꽉 채운 10년이 된다. 그 길을 걸으며 난 5권의 책을 썼고 강의를 다녔으며 나만의 프로그램을 진행하고 있다. 게다가 이젠 함께 공부하며 양성한 연구원들이 공저를 쓰고 강의에 나설 준비를 하고 있다. 내가 변하고, 나의 변화로 다른 이의 삶에도 변화의 온기를 불어넣은 셈이다. 그럭저럭 지난 10년의 시간들이 대견할 때도 있다.

2

정말 중요한 것은 외적 변화가 아니었다. 외적 변화는 뒤따라온 결과일 뿐, 진정 의미 있는 건 이제야 비로소 내가 인생의 주인공이 되었다는 사실이다. 10년 전, 일이 흔들릴 때 나는 인생 전체를 잃을까 두려웠다. 습관처럼 외부에서 답을 찾으려고 했다. 아무나 팔을 붙잡고 답을 달라고 절박하게 매달렸다. 하지만 그 누구도 내 인생에 답을 줄 수 없었다.

지나고 보니 일이 흔들린다고 인생이 꼭 무너지는 것도 아니었다. 일이 내 인생의 전부라는 생각, 답을 바깥에서 찾아야 한다는 생각도 세상으로부터 길들여진 잘못된 생각이었다. 회사 안에 있을 때는, 회사가 삶의 전부라고 여겼고, 회사 밖의 세상은 볼 수 없었다.

이 책은, 타자에게 내어준 인생의 주권을 회복하여 어떻게 내가 인생의 주인공이 되었는지, 지난 10년간의 여정을 꾹꾹 눌러쓴 글이다. 화려한 수식을 동원한 답도 없고, 허황된 희망을 불어넣는 가슴 벅찬 구호들도 없다. 대신 진심으로 자기주체적인 삶을 살고 싶은 분들이라면 누구나 1만 시간의 법칙이 어떻게 작동하는지 지극히 현실적인 여정을 만나볼 수 있을 것이다. 되돌아보니 그때는 마냥 힘들게만 느껴졌던 걸음걸이가 이제는 달콤 쌉쌀한 그리움이 되었다. 무엇보다 좋은 건, 지난 10년은 내 인생에서 가장 진하게 나다운 시간이었다는 사실이다.

이 책이, 나답게 산다는 것이 무엇인지 함께 생각하는 계기가 되었으면 좋겠다. 한 발 더 나아가 변화의 경계선에서 서성이며 어디서부터 시작해야 할지 모르는 분들에게 1만 시간이 이렇게 흐르는구나, 하나의 길잡이가 되면 더욱 좋겠다. 무엇보다 외부의 흔들림 앞에 속절없이 마음이 무너지는 분들에게 위로가 되고 힘이 되어 새로운 삶으로 방향을 전환하는 작은 응원이 되면 가장 좋겠다. 우리 스스로 각자 인생을 꽉 움켜쥐고 있는 한, 그 어떤 외적 흔들림도 결코 우리를 무너뜨리지 못한다. 끝은 곧 또 다른 시작이니 하나의 문이 닫히면 다른 문을 열면 된다. 새로운 세상으로 들어가는 문의 열쇠는 바로 내가 지니고 있기에 말이다.

잠시, 세상에 대한 공부를 내려놓고,
이제 나를 공부하는 시간,
진짜 공부의 시간으로 들어가자.

2018년 10월
1만 시간 여정의 끝에서 수희향

목
차

: 공부 시작 :

아무리
주머니를 뒤져도
나를 찾을 수 없었다

제자가 준비되면
스승이 나타난다

먼저 끝이 있고, 그 후에 시작이 있다. 그리고 그 중간에 매우 중요한 공허
함과 상실의 시기, 혹은 '휴지기'가 있다.

: 윌리엄 브리지스 :

2008년 11월, 저는 '운명의 뺨'을 맞고 십일월의 잿빛 하늘 밑에서 휘
청거리고 있었습니다. 몇 날 며칠이 지나도록 열감기는 내리지 않았고
숨쉬기조차 힘들어 산사로 도망쳤습니다. 눈물, 콧물을 뿌리고 후회와
회한을 흘려보내고서야 조금 용기가 생겼습니다.

그러나 산을 내려와 다시 마주한 현실은 저를 당황케 했습니다. 세상

은 예전과 똑같았습니다. 절간의 신선한 공기로 마음을 환기시키고 돌아오면 삶이 180도로 달라지리라 믿었습니다. 원망과 분노를 산에 고이 묻어놓고 오면 모든 것이 다 아름답고 다 이해되리라고 생각했습니다. 그러나 세상은 여전히 무거운 공기로 내 가슴을 짓눌렀습니다. 나는 시내로 들어가는 길목에서 망설이고 있었습니다.

사거리에서 서성거리는 제게 지인 한 분이 '변화경영연구소(변경연)'를 소개해주셨습니다. 그때까지 전 구본형 선생이 누구인지, 어떤 책을 쓰셨는지 전혀 몰랐습니다. '그저 그런 자기계발서 작가 중 한 분이겠지.' 생각하면서도 소개해준 분의 성의를 봐서 변경연 홈페이지를 방문하여 선생님 칼럼 2개째를 읽는데 불현듯 '이 분이다……!' 마음에 불꽃이 일었습니다.

2008년 12월 삭막한 사무실 한 구석에서 전 아직 붙어 있는 생명줄이 보내는 미약한 신호를 감지했습니다. 그렇게 해커가 남의 컴퓨터를 엿보듯 변경연 사이트에 몰래 숨어 선생님 글과 연구소 소식들을 샅샅이 훔쳐 읽었습니다. 그러다가 선생님께서 3박 4일 동안 '꿈벗'이란 프로그램을 진행한다는 공지를 보게 되었습니다.

'여기 가면 직접 뵐 수 있는 거야? 그럼 지금 내가 끌어안고 있는 이 많은 고민들에 대해 답도 해주시는 거야? 아니 들어주시는 거야?'

살면서 누군가에게 털어놓을 수 없었고, 들을 수 없었던 수많은 이야기들. 도대체 학교 다니며 난 그동안 무얼 배웠는지, 아무리 뛰고 또 뛰어도 늘 제자리에서 헛바퀴를 돌리는 것만 같던 그 막막함. 그 모든 두려움을 어쩐지 이 분이라면 들어주시고, 또 답도 주실 것만 같았습니다. 행여 마음이 변할까 오래 품고 있던 고민과 함께 '꿈벗' 과정을 문의하는 장문의 편지를 써서 연구소 앞으로 이메일을 보냈습니다. 정말이지 태어나 누군가에게 그토록 긴 편지를 써보기는 처음이었던 것 같습니다. 편지를 쓰는데 이미 울컥해서 수시로 입술을 깨물던 기억이 지금도 한 장의 사진처럼 떠오릅니다.

장문의 메일을 보내고 2시간쯤 지났을까…… 더 이상 일이 손에 잡히지 않아 선생님 책 목록을 살펴보며 안절부절못하고 있는데 수신음과 함께 이메일 한 통이 도착합니다. 선생님이셨습니다, 세상에!

그때까지만 해도 저는 작가라든가 하는 분의 메일을 직접 받아본 적이 없어서 이렇게 빨리 답을 주시리라고는 상상도 못했습니다. 도대체 어떤 답신을 주신 걸까? 무슨 좋은 말씀을 주신 걸까? 떨리는 마음으로 메일을 열어보았습니다.

"다음 꿈벗은 성탄절에 있습니다."

그때까지 악명 높은(?) 선생님의 한 줄 답신에 대해 몰랐던 저는 잠시 멍했습니다.

사람 마음이 참으로 간사한 것이, 메일을 보낼 때는 '과연 이 분이 내 메일을 열어는 보실까? 보신다 한들 회신을 주실까?' 염려했습니다. 막상 회신이 도착하자 제 마음 속에는 수많은 기대가 피어올랐습니다. 제가 쓴 장문의 글만큼은 아니더라도, 무언가 위로의 말씀, 예컨대 '그동안 힘들었겠다, 애썼다' 같은 얘기와 함께 앞으로 이렇게 살면 된다거나 목마른 제가 매달릴 수 있는 한 조각 지침이라도 제시해주길 기대했던 것 같습니다.

그러나 선생님의 답신은 반가운 만큼 허탈했습니다. '이게 뭐야? 차라리 답신을 주시지 말던가. 결국 꿈벗에 오라는 말씀뿐이잖아. 너무 한 거 아냐? 그리고 왜 하필이면 성탄절인데? 세상에 누가 성탄절에 그런 데 가겠어?' 마음속에서 불평이 삐죽삐죽 올라옵니다. 그렇게 잠시 기대한 선물을 받지 못한 어린아이처럼 칭얼거린 뒤 마음이 가라앉길 기다려 선생님의 회신을 다시 들여다보았습니다.

"다음 꿈벗은 성탄절에 있습니다."

아까와는 분명 다른 느낌이 들었습니다.

'그렇지…… 너무 긴 이야기들일 텐데, 얼굴 뵙고 하는 게 맞는 거겠지. 내가 너무 성급했지. 그렇게 일방적으로 내 이야기를 쏟아내고 도대체 뭘 기대했던 건지.'

비로소 흥분이 가라앉고 집 나간 이성이 돌아옵니다. 동시에 일상적 내 모습이 다시 주인이 됩니다.

'근데 왜 하필 성탄절이지? 도대체 성탄절에 누가 그런 프로그램에 참석한다고…… 어휴 친구하고 크리스마스이브 약속은 어쩌라고. 가격은 또 왜 이렇게 비싸, 밥도 안 주면서.'

제자가 준비되면 스승이 나타난다.

: 우파니샤드 :

성탄절 꿈벗이란 말은 제겐 마치 마법의 주문과도 같았습니다. 살면서 힘든 순간들이 참 많았는데 돌이켜보니 늘 눈앞의 급한 불만 끄면 아무 일도 없었던 듯 예전으로 돌아갔습니다. 하지만 인생은 해결해야 할 문제들을 해결하지 않으면 결코 다음으로 넘어갈 수 없음을 그즈음에는 절실히 느끼고 있었던 것 같습니다.

행여 또다시 마음이 흔들릴까 봐 곧바로 성탄절 꿈벗 참가비를 입금했습니다. 칼럼에서 들려주시는 '자기 인생을 살아가야 하는 이유'에 대한 부드럽지만 확고한 목소리가 자꾸 귓가에 쟁쟁했습니다. 성탄절 꿈벗으로의 초대는 정녕 네가 그토록 간절하다면 더는 머뭇거리지 말고 지금 당장 시작하라는 말씀처럼 다가왔습니다. 저는 제 안의 끌림을 한번 믿어보기로 했습니다.

2008년 12월 24일, 저는 모든 일정을 물리고 어느 역 육교 밑에서 선생님과 참가자들을 기다리고 있었습니다. 드디어 저만치 걸어오시는 선생님이 보입니다. 제 인생이 완전히 다른 방향으로 흘러가게끔 인도해주신 스승과의 첫 만남이었지만 그때의 저는 날씨만큼이나 잔뜩 움츠러들어 있었습니다. 그런 제게 선생님께서 다가와 건네시는 첫 말.

"조그맣구나."

지금까지 어른들께 귀엽구나 혹은 똘똘하게 생겼다 혹은 그도 아니면 참하게 생겼다는 말은 들은 적이 있지만 '조그맣구나'는 처음이었습니다. 그러나 스승님의 웃음기 없는 표정, 그리고 짙은 눈썹과 눈매를 보고는 찍소리도 못하고 차에 올라타며 '괜히 신청했나?' 슬며시 후회가 들었습니다. '책에서 만난 그분은 굉장히 자상하고 부드러웠는데, 아니신가?' 반신반의하는 마음을 누른 채 뿌연 창밖만 내다보며 한참을 달렸습니다. 차는 드디어 어느 펜션에 도착했습니다. 그런데 세상에, 도착해보니 성탄절 이브가 맞나 싶을 정도로 많은 사람들이 모여 있습니다.

'뭐야? 나같이 고민하는 사람들이 이 겨울에 이렇게나 많은 거야?'

저는 예상보다 많은 참가자에 우선 놀랐던 것 같습니다. 그때까지만 해도 내 속사정을 남에게 털어놓거나 마음을 뒤집어 보여주는 일에 묘한 거부반응 내지는 막연한 두려움을 갖고 있던 저로서는 세상에 나와 비슷한 고민을 가진 사람들이 많다는 사실에 조금 얼떨떨했던 것 같습니다. 한편으로 안도의 한숨도 쉬었죠. 아, 세상에서 나만 동떨어진 건 아니구나.

방 배정을 받은 뒤, 이윽고 레몬주스를 마시며 각자 소개하기를 필두로 일정이 시작되었습니다(이 글을 쓰는 지금도 그 날의 기억이 떠오르며 입안이 시큼! 합니다.). 이런 얘기, 저런 얘기. 아 이 사람은 이런 삶을 살아왔구나, 음, 또 저 사람은 저런 삶을 살아왔네…… 나중에 들어 보니, 기수에 따라 눈물바다가 되기도 하고, 분노를 표출하는 장으로 변하기도 한다는데 우리 기수는 대체로 낯가림이 심했습니다. 서로 발표를 양보하고 순번을 내주며 뒤로 물러서더군요. 나중에 보니 대부분이 내향이들이었습니다. 그래서인지 첫 날을 보내는 동안 그다지 드라마틱한 감정의 출렁임은 없었고, 저 역시 무덤덤했습니다. 그냥 태어나 처음으로 내 마음속 이야기를 낯선 타인 앞에서 꺼내기가 왠지 쑥스러우면서도 그다지 나쁘지는 않고 다음날이 약간은 기대되는 딱 그 정도였달까요.

다음 날 아침 낯선 잠자리 탓에 새벽부터 잠이 깬 저는 아침 일찍 세수하고 아래층으로 내려갔습니다. 1층에는 스승님께서 조용히 책을 읽고 계셨습니다.

남자 어른의 책 읽는 모습이 익숙한 분도 있겠지만, 전 어릴 적 아빠의 책 읽는 모습이 아주 희미한 기억으로만 남아 있을 뿐이었습니다. 그리고 그 장면은 제가 가장 좋아하는 아빠의 모습이기도 했지요. 너무 희미해서 늘 마음 한구석에 그리움으로만 자리 잡고 있던 기억이었습니다. 그때로부터 수십 년이 지난 그날, 어느 낯선 펜션에서 남자 어른의 책 읽는 뒷모습을 보고 저는 순간 멍해지는 느낌을 받았습니다. 그리고 문득 '아빠는 왜 그날 이후 집에서 한 번도 책을 읽지 않으셨을까?' 하는 안타까움이 들었습니다.

"일찍 일어났구나."

스승님께서 돌아보시며 부드럽게 말씀을 건네십니다.

그런데 문득 저도 모르게 울컥 눈물이 터집니다. 제 자신이 너무 당황스러웠습니다. 전혀 예기치 못한 공간, 예기치 못한 상황에서 눈물이 터지다니. 나란 사람은 남들 앞에서 눈물은커녕 표정관리도 나름 철저하다 여기며 살아왔습니다. 아마 그 순간이었던 것 같습니다. 다음해 변화경영연구소의 연구원을 지원하겠다고 결심을 하게 된 것이.

오래도록 아빠에게 바라던 따스함과 든든함에 대한 그리움이 억누르던 제 작은 힘을 뚫고 나왔음을, 훗날 내적 성찰을 하면서 깨닫게 되었지요. 그러나 그때는 내 마음속 풍경을 들여다보지 못한 채 그저 직감을 따랐습니다. 더욱 놀라운 것은 꿈벗 마치는 날 아침 마지막 발표를 하는 시간에 모두 앞에서 '다음해 연구원에 지원하겠다'는 말을 아무런 다짐도 계획도 없이 내뱉고 있는 저를 발견했습니다. 평소 내향형에다 극히 신중한 성격상, 절대 눈에 보이는 결과를 낼 때까지는 그 어떤 일도 입 밖에 내는 스타일이 아니었는데 그 날은 나사 하나가 풀린 것처럼 제어가 불가능했습니다.

'왜 이러지? 이러다 떨어지면 어쩌려고? 왜 이러지? 이건 전혀 나답지 않잖아! 입 다물자. 입!'

그랬습니다. 꿈벗에서 처음 만난 스승님은 그 어떤 화려한 경영학적 기법을 사용하지도 않았고, 현란한 미사여구로 당신을 과대 포장하지도 않았습니다. 그러나 존재의 진정성만으로 수십 년 만에 처음으로 낯선 이들 앞에서 순간 울컥하게 만들고, 의식의 격렬한 저항을 뚫고 저를 소리 내어 토해내게 하셨습니다. 진짜 깊은 울음을 울어보지 않고는 참다운 삶의 기쁨에 동참할 수 없음을 변경연 연구원이 되고 깨달았습니다. 삶은 눈물과 웃음이 뒤범벅된 축제라는 사실을 말입니다.

그리하여 2009년 겨울 알싸한 추위의 끝자락과 초봄이 겹친 어느 날, 처음 써보는 '미me 스토리' 20장 1차 관문과 모든 분들이 지켜보는 변경연 홈페이지에서의 한 달에 걸친 '북 리뷰와 칼럼 쓰기' 2차 관문을 거쳐 드디어 마지막 3차 관문인 면접 테스트를 코앞에 두고 있었습니다. 1, 2차 레이스를 거치며 이전보다 더욱 간절히 연구원이 되고 싶었던 저는 며칠 전부터 후덜덜 긴장과 떨림이 시작되며 면접 테스트에서 뭔가 실수하지 않을까 걱정되었고, 제 우려는 결국 현실로 나타나고 말았습니다. 선배 하나가 면접 여행 뒤 저를 떨어뜨려야 한다고 스승님께 강력히 말씀 드린 사태까지 벌어졌으니 저로서는 위기 그 자체였죠.

지난 시간과의 작별,
죽음편지 쓰기

우리가 변하지 않으면 우주도 우리를 변하게 할 수 없다.

: 조셉 캠벨 :

등산은커녕 산책과도 친하지 않던 저는 면접여행 공지 사항을 보며 그게 어떻게 한다는 것인지 감을 잡지 못하고 있었습니다. 17km 산행을 하며 스승님께서 지원자들과 일대일로 인터뷰한다고?

그래서 평소대로 맨발에 패션 운동화를 신고 출발지에 도착했다가 스승님과 다른 분들의 동그랗게 뜬 눈을 보고서야 아차! 싶었습니다. 그러나 집에 다녀올 수도 없으니, 그대로 버스에 몸을 실었습니다. 산으로 가는 내내 가시방석에 앉은 듯 마음이 불편했습니다.

버스는 어느 산 입구에 우리를 쏟아놓고 훌쩍 떠나버렸습니다. 드디어 태어나 처음으로 산행에 올랐습니다. 그렇게 걷고 걷다 보니 슬슬 다리 근육들이 뻐근해지는데 마침 스승님께서 저를 부르십니다. 드디어 제 차례입니다. 꿈벗에서 며칠 뵙기는 했지만 여러 선배를 비롯한 많은 이들과 함께 만나는 스승님은 이전보다 더 어렵게만 느껴졌습니다. 그때는 어쩌자고 연구원이 되겠다고 큰소리를 친 건지. 잔뜩 긴장해서 스승님 옆으로 슬금슬금 걸어갔는데 첫 말씀이 '좋으냐?' 하십니다. "넷?"

다짜고짜 좋으냐고 물으시니 뭐가 좋다는 건지 질문을 이해하지 못했습니다. 아니 솔직히 제 기분이 전혀 좋은 상태가 아니었기에 당황했던 것 같습니다. 지금 생각하니 제 얼굴에 '저, 불편해요.'라고 시커멓게 쓰여 있어서 그리 물어보신 게 아닐까 싶습니다. 그러나 그때는 경황이 없어서 '아, 네.'라고만 답했습니다. 그리고 이런저런 몇 가지 다른 질문을 하시더니 다시 한 번 물으십니다.

"이 사람들이 좋으냐?"

난감한 질문이었지만 솔직하게 대답하는 게 좋을 것 같았습니다.

"오늘 처음 만난 사람들인데 좋은지 어떤지는 아직 잘 모르겠습니다."

그러자 스승님이 한참 말씀 없이 저를 물끄러미 바라보셨죠. 그때 표정이 잊히지가 않습니다.

인터뷰를 마치고 동기들이 있는 곳으로 돌아왔는데 마음은 아까보다 더욱 불편해졌습니다. '내가 미쳤나? 그냥 좋다고 말할걸 그랬나? 아니, 그럼 오늘 처음 본 사람들이 어떻게 무조건 좋을 수 있는 거지? 그게 더 솔직한 거 아냐?' 마음속으로 수만 가지 생각이 엎치락뒤치락했습니다.

그나저나 정신을 차리고 보니 제가 어느새 신발을 손에 들고 맨발로 걷고 있습니다. 동기 하나가 양말을 빌려줘서 신기는 했지만 발뒤꿈치며 발가락들이 어느새 빨갛게 까져서 따끔거립니다. 차를 타고 뒤따르던 선배들이 더는 안 되겠다 싶었는지 차에 타라고 합니다. 안 그래도 면접에서 점수를 잃은 것 같은데 차까지 탔다가는 자칫 똑! 떨어질 것 같은 예감에 그냥 막무가내로 걸었습니다. 드디어 해가 뉘엿뉘엿 넘어가려는데 저만치 사람들이 모여 있는 게 보입니다. 끝이 보이기 시작합니다. 후들거리는 다리를 질질 끌고 저는 맨 마지막으로 도착했고, 여전히 활어처럼 팔팔한 동기들을 보고 주눅이 들어 구석으로 몸을 감추었습니다.

그렇게 힘든 하루를 보내고 식당으로 우르르 몰려가 막걸리 잔을 기울이며 '위하여!'를 외쳤는데 저만 그대로 술잔을 내려놓았습니다. 전 이런저런 이유로 술을 못 마시기도 하고, 안 마시기도 하거든요. 그러자 또 한 번 제게 쏟아지는 싸한 시선들. 이쯤 되면 누가 봐도 떨어지는 게 마땅하다고 생각할지 모르겠습니다. 그래서 그때까지 멸치 국물도 먹지 않던 철저한 채식주의자였던 제가 순간 눈앞의 오징어볶음을 한 움큼 집어 우적우적 씹었습니다. 물론 채식주의자라고 커밍아웃하여 분위기를 깨고 싶지 않던 마음도 컸지만, 그보단 완전 채식까지 하며 저를 가둬두었던 틀에서 나와 이 사람들과 어울려보고 싶다는 마음이 들었던 것 같습니다. 사람들과 온종일 걸으며 얼어붙었던 제 마음에 금이 가기 시작했던 것 같습니다.

그러나 하이라이트는 아직입니다. 고역스런 면접여행이 끝나고 다음날 헤어질 때가 되자 변경연의 그 유명한 허깅 세리모니가 시작되었습니다. 그런데 제가 그걸 그만 거부했습니다! (전부 거부한 건 아니고요, 남정네들하고요.). 지금까진 그럭저럭 애처롭게 바라봐주시던 스승님께서도 이때만큼은 표정이 정말 굳어지셨습니다. 지금 돌이켜 생각해보면 제가 그때까지만 해도 마음이 얼마나 경직되어 있었는지 스스로도 놀랍다는 생각이 듭니다. 마음의 근육이 뭉친다는 건 정말이지 한 사람의 인생을 너무도 딱딱하게 만드는 것 같습니다.

어떤가요? 선배 중 한 분이 저를 떨어뜨려야 한다고 스승님께 메일을 보낼 만했다는 생각이 드시는지요?

하늘이 도와 연구원으로 합격은 했으나, 다음엔 또 죽음편지가 기다리고 있었습니다. 정말이지 변경연이란 곳이 처음엔 제게 그야말로 산 넘어 산이었습니다. 그렇게 매번 절벽 같은 어려움에 부딪힐 때마다 '왜 이 고생을 자처한 거지?' 후회하면서도 지금이 아니면 나를 바꿀 수 없다는 생각으로 버텼습니다. 부모로부터 몸을 얻어 세상에 태어난 이상 한 번쯤은 나답게 살아보고 싶다는 생각이 간절했거든요. 그러나 그렇게 절박했으면서도 내 오랜 습성은 나에게 꼼수를 쓰도록 만들었습니다. 죽음편지는 선배들을 앞에 두고 읽어야 하는 숙제였는데 저는 그만 두 가지 버전을 준비했습니다.

> 감정, 고통스러운 감정은 우리가 그것을 명확하고 확실하게 묘사하는 바로 그 순간에 고통이기를 멈춘다.
>
> : 스피노자 :

죽음편지. 말만 들어도 기분이 묘했습니다. '새로운 마음으로 새 출발을 하려는 사람한테 하필이면 왜 죽음편지일까?'

어제와의 사슬을 끊고 나답게 살고 싶어서 변화경영연구소 연구원이 되었습니다. 그런데 죽음을 가정하고 편지를 써서 입학여행 때 발표하라는 과제를 받고는 의아한 마음이었습니다.

그래서였는지 입학여행 전날까지 타이핑을 쳤다 지웠다를 반복했지만 영 편지가 써지지 않았습니다. 도대체 이 과제를 어찌 해야 할까, 그저 난감하기만 했습니다. 어찌어찌 이런 저런 이야기를 주섬주섬 짜맞췄는데 자서전 요약본도 아닌 것이 미니 유언장도 아닌 것이 애매하게 회색을 띤 글들 앞에서 난감해지기 시작했습니다. 이 작업을 벌써 며칠째 붙잡고 낑낑대고 있는데도 도대체 뭐 마려운 강아지마냥 마음은 불편하기 그지없었습니다. 입학여행이 코앞으로 다가온 날, 정확히 시계가 자정을 넘기기 시작하자 이대로는 안 될 것 같아 컴퓨터에서 내려와 손 편지를 쓰기 시작했습니다.

"삶에 그다지 연연함이 없습니다……"

저도 모르게 첫 줄을 써놓고 흠칫 놀랐습니다.

'뭐지? 아직 죽기는 이른 나이인데 진짜 삶에 연연하지 않는다는 거야? 나, 정말 그렇게 살아온 건가?'

그 순간, 심장이 쿵 하고 내려앉았습니다. 죽음 앞에서조차 아무 느낌을 갖지 못하는 제가 당황스러웠습니다. 지난 세월, 한 순간도 멈추지 않고 열심히 살아왔는데 이게 뭔지 말입니다.

'단 한 번도 사는 듯이 살아보지 못하고 가는 것이 아플 뿐입니다.'

두 번째 줄에서 전 무너지고 말았습니다.

그러면서 격한 울음과 함께 걷잡을 수 없는 이야기들이 쏟아지기 시작했습니다. 이전에도 눈물 콧물 쏙 빼며 울어본 적이 있긴 하지만 그처럼 격정에 휩싸이며 속으로 쌓아두었던 이야기를 토해낸 것은 그때가 처음이었던 것 같습니다. 물론 그때만 해도 이 눈물이 끝이 아니라 시작에 불과하다는 사실을 미처 몰랐습니다.

한참을 울며불며 편지를 쓰고 정신을 차려보니 눈앞에 손 편지가 수북이 쌓여 있었습니다. 정신이 들더군요. 과연 이 편지를 선배들(이라고는 하지만 그때까지도 제겐 여전히 낯선 타인들이었습니다.) 앞에서 읽을 수 있을지 도저히 상상조차 되지 않았습니다.

'아, 이래서 선배들이 입학여행 전날 다들 도망치고 싶었다고 얘기했구나.'

그나마 나만 이런 것이 아니라는 생각에 가슴을 쓸었지만 그래도 용기가 나지 않았습니다. 결국 전 짐을 챙기며 손 편지와 함께 컴퓨터 앞에서 정갈하게 쓴 타이핑 편지도 함께 넣어갔습니다. 집 나갔던 이성이 돌아오니 상황 봐서 타이핑 편지를 읽어야겠다는 얄팍한 꼼수를 찾은 것이죠.

동기들의 죽음편지 낭독이 끝나고 드디어 제 차례가 돌아왔습니다. 저는 그때까지도 손 편지와 타이핑 편지 두 개를 움켜쥔 채 갈등에 빠져 있었습니다. 동기들이 둘러앉은 자그마한 장소에는 희미한 불이 켜져 있지만 선배들이 앉아 있는 곳은 불이 꺼져 있습니다. 그런데 그게 더 무겁게 다가왔습니다. 선배들의 얼굴을 볼 수는 없었지만 어둠에 싸여 한 덩어리의 그림자로 보이는 그들이 저를 판단하고 조롱할 것만 같았습니다. 도저히 손 편지를 읽을 자신이 없었습니다. '그냥 타이핑 친 거 적당히 읽고 끝내면 될 거야.' 굳이 힘든 이야기들을 낯선 이들 앞에서 끄집어내고 싶지 않다는 거부감이 강렬히 올라 왔습니다.

바로 그때였습니다. 스승님의 모습이 눈에 들어온 것이. 선배들과는 동떨어져 홀로 앉아 물끄러미 저희들을 바라보는 그 분의 모습이 눈에 잡히는 순간 저도 모르게 마음이 울컥하며 걷잡을 수 없이 눈물을 쏟기 시작했습니다. 그때 그분의 모습은 참으로 슬퍼 보였습니다. 눈물을 흘리고 계시지는 않았지만 제자들의 가슴 알알이 박힌 이야기를 스승은 마음으로 듣고 있었습니다. 저희만 힘든 것이 아니었습니다.

'그래. 용기 내보자. 스승님께서 등불이 되어주실 때 저 분을 믿고 의

지혜 용기 내보자.'

그랬습니다. 순간 제 안에선 마지막 기회라는 생각이 들었습니다. 지금까지 살아오면서 겹겹이 지고 있는 낡고 오래된 짐을 내려놓을 수 있는 마지막 기회!

스승님이 없으면 혼자서는 도저히 못할 것 같았습니다. 그렇게 용기 내어 손 편지를 들고 앞으로 나아갔고, 첫 줄을 읽으며 제 낡은 틀을 깨기 시작했습니다.

태어나서 처음으로 사람들 앞에서 눈물, 콧물 질질 짜며 한바탕 살풀이하듯 사연을 풀어내니 머리는 띵하고 정신은 아찔했습니다. 아직 못 다 추스른 감정을 끌어안고 자리에 돌아왔습니다. 이어지는 동기들의 이야기는 귓가를 스칩니다. 마지막 한 명까지 죽음편지 낭독이 끝나고 환히 불이 켜집니다. 그때의 당혹감이라니! 어딘가로 도망가고 싶은 제 심정을 아는지 선배 한 분이 다가와 꼬옥 안아줍니다.

잠시 후 허깅을 풀면서 선배 가라사대.

"밥 먹으러 가자! 김치찌개 먹을래? 고등어구이 먹을래?"

아직 감정의 개울은 흙먼지가 가라앉지도 않았는데 김치찌개 고등어라니! 그토록 고차원적인 의식을 치르고 바로 밥이 넘어가겠냐구요! 차마 입 벌려 말은 못했지만 제 마음은 어린애처럼 삐죽 댑니다.

"너 아직 모르는구나. 실컷 울고 나서 먹는 밥이 얼마나 맛있는지. 가서 먹어봐. 꿀맛일걸."

제 마음을 읽었는지 선배 한 말씀 걸치십니다. 그런데 그날 저녁은 정말 꿀맛이었습니다!

　모르겠습니다. 대성통곡을 하느라 칼로리 소모가 엄청 나서였는지, 아니면 뭔가 마음에 늘 얹힌 것 같은 게 내려가서 후련해서였는지. 그때는 아직 연구원 과정 첫 스승으로 만나게 될 조셉 캠벨의 '생물은 모두 서로를 위해 서로를 내어주는 존재'임을 몰랐기에 조금 많이 민망해하며 그러나 엄청 맛있게 으적으적 밥그릇을 다 비웠습니다. 아마 스승님과 선배, 동료들의 푸근한 웃음이 그간의 허전함을 채워서 더 맛있었던 것 같습니다.

　그렇게 죽다 살아난 입학여행 이후 연구원 과정 첫 수업과제가 바로 캠벨의 〈신화의 힘〉을 읽고 각자 자신의 신화를 만들어 오는 것이었습니다. 그리고 전 첫 번째 수업에서 드디어 스승님으로부터 황금씨앗을 받게 됩니다. 제 평생 꿈꿔왔으나 아무도 인도하여 주지 않던 바로 그 길. 드디어 그 길을 향한 문이 제 앞에서 열리기 시작합니다.

죽어야만 다시 태어날 수 있다.

: 시몬느 비에른느 :

새로운 이름을
받던 날

　그토록 힘든 과정들을 거쳐 부푼 마음으로 시작한 연구원 과정에서 처음으로 만나게 되는 책이 조셉 캠벨의 〈신화의 힘〉입니다. 처음 이 책을 접했을 때 고개를 갸우뚱했습니다. '하고 많은 고전 중에 왜 하필 신화 이야기지? 조셉 캠벨은 또 누구야?'

　책은 좋아하지만 인문고전은 많이 접하지 못했던 제게 신화는 먼 나라 사람들이 지은 황당한 이야기였고 캠벨이란 이름은 금시초문이었습니다.

　변경연 커리큘럼이 매주 한 권씩 인문고전을 읽고 북 리뷰와 칼럼을 써야 하는 건 알았지만 그 시작이 점잖은 공자나 혹은 도도한 니체처럼 나름 격조 높은 인문학의 대가일 것으로 기대했던 제게 신화와 캠벨은 의외의 주제였습니다. 게다가 선배 한 분이 합격 축하선물로 책을 주겠다고 해서 나갔더니 〈신화의 힘〉 초판을 건네면서 아주 중요한 책이니 잘 읽으라고 하는데 그 표지가 어찌나 궁상맞아 보이던지요. 스승님도 선배도 다들 이상들 하시네, 떨떠름한 마음으로 돌아와 책 표지를 펼쳤습니다.

그리고 저는 그만 책에 빨려들기 시작했습니다. 지금껏 경험해보지 못했던 세계였습니다. 이 세계를 몰라서 내가 그토록 아프고 힘들게 헤매었구나.

책장을 넘길 때마다 앉은 자리를 뒤흔드는 강한 울림에 저는 속절없이 끌려들어갔습니다. 그때까지만 해도 신화라는 것이 인류 집단무의식의 표현임을 몰랐던 저는 캠벨의 낯선 언어에 나의 내면이 요동치는 이유를 이해할 수 없었습니다. 그리하여 책장을 덮는 순간 〈신화의 힘〉은 어느새 제 인생의 책이 되었습니다(이러한 경험은 연구원 가을 시절, 카프라를 읽으며 또 한 번 체험하게 됩니다. 캠벨이 저를 해체시켰다면 카프라는 저를 재융합의 세계로 인도합니다.).

변경연 연구원은 매주 한 권의 지정도서를 읽고 월요일 낮 12시까지 홈페이지 연구원 코너에 북 리뷰와 칼럼을 올려야 합니다. 그런데 대개 책들이 700~1000페이지를 훌쩍 넘었고 내용도 어려웠습니다. 연구원들 사이에서는 베개보다 책이 더 두껍다는 자조적인 우스갯소리가 나올 정도였지요. 더군다나 북 리뷰의 경우 필사까지 해서 올려야 하니 수험생도 이런 수험생이 없습니다. 이게 전부가 아니었습니다. 한 달에 한 번 오프 워크숍을 진행하는데 이때도 별도의 실행과제를 제출해야 한다는 얘기는 들어서 알고 있었죠. 그러나 북 리뷰를 쓰느라 정신없이 시간을 보내는 바람에 첫 오프 워크숍을 하루 앞둔 날에서야 과제를 간신히 확인했습니다. 세상에나! 실행과제는 〈나의 신화 만들기〉였습니다!

이걸 어찌 하룻밤에 쓸 수 있겠습니까? 자료를 조사해서 쓰는 리포트 같으면 밤을 새우면 되겠지만 나의 신화라는 게 자료 찾는다고 쓸 수 있을까요? 순간 너무 당황스러웠습니다. 죽음편지도 그렇고 도대체 연구원 과정은 왜 이리 낯선 숙제투성이인지 머리를 쥐어뜯으며 컴퓨터 앞에서 낑낑대다 문득 제가 작성한 〈신화의 힘〉 북 리뷰를 읽어봐야겠다는 생각이 들었습니다. 책을 읽을 때는 감동도 크고 내적 울림도 좋았지만 1주일에 한 권씩 읽어야 하는 책들 때문에 다시 되돌아보지는 못했거든요. 어쩐지 거기에 실마리가 있을 것 같았습니다.

'인간의 참 지혜는 오직 고통을 통해서만 이룰 수 있다.'라는 대담자 빌 모이어스의 서문으로 시작하여 '천복을 좇으면, 나는 창세 때부터 거기에서 나를 기다리던 길로 들어서게 됩니다. 내가 살아야 하는 삶은 내가 지금 살고 있는 삶입니다…… 자기 천복을 좇는 사람은 늘 그 생명수 마시는 경험을, 자기 안에 있는 생명을 경험할 수 있는 것이지요.'라는 핵심구절까지 때론 파란펜으로, 때론 빨간펜으로 줄을 쳐가며 필사를 하고 제 생각들을 정리한 리뷰를 보니 또다시 마음이 뜨거워지기 시작했습니다. 마치 캠벨의 말처럼 제 안에서 저만의 천복이 세상에 나오기 위해 꿈틀거리는 것 같았습니다.

몇 시간을 끙끙대도 떠오르지 않던 이야기가 신기하게도 제가 작성한 북 리뷰를 읽다보니 저도 모르게 흘러넘치기 시작했습니다. 그렇게 단숨에 받아쓰기를 하듯 나의 신화를 만들고 헐레벌떡 첫 워크숍을 향해 달려갔습니다. 이윽고 제 순서가 되었습니다. 다소 쑥스럽기도 하고, 긴장도 되는지 발표하는 제 목소리가 약간 떨립니다. 한 사람의 발표가 끝날 때마다 스승님께서 피드백을 해주시는데 저 역시 발표를 마치고 어떤 말씀을 주실지 긴장된 마음으로 스승님을 쳐다보았죠.

"너는 작가다."

"……?"

스승님의 굵은 저음이 들려오는데 전 처음 무슨 말씀인지 선뜻 알아듣지 못했습니다. 그도 그럴 것이 작가란 제 오랜 꿈이었지만 한편으로 우리 집에서는 금기어였습니다. 왜냐하면 작가란 미래가 보장되지 않는, 그러므로 절대 해서는 안 되는 직업이었기 때문입니다. 아주 오래 마음에 품었지만 한 번도 내뱉지 못했던 언어, 작가. 그 길을 가도 괜찮다고 스승님께서 제게 황금씨앗을 심어주십니다. 아주 먼 길을 돌고 돌아온 제겐 얼마나 먹먹한 순간이었는지요.

"그리고 네 이름은 먼 별 샤먼이다."

비로소 스승님의 다음 말씀이 귀에 들어옵니다.

먼 별 샤먼.

참 예쁜 이름이었습니다. 그 이름을 지니면 예쁘지 않았던 지난 제 삶이 이제부턴 별처럼 예뻐질 것만 같아 지금부턴 꼭 샤먼의 삶을 살아야겠다 결심했습니다. 여러분 혹 스승님이 왜 샤먼이란 말씀을 하셨는지가 궁금하시면 캠벨의 〈신화의 힘〉을 읽어보시기 바랍니다. 어쩌면 여러분 또한 저처럼 지금까지 내면 깊은 곳에 묻혀만 있던 여러분만의 천복을 찾으실지도 모르겠습니다. 그리하여 전 그 다음 달 과제로 수천 년 동서양 문명사를 뒤지며 나만의 롤 모델 3명을 찾는 지난한 작업을 하기 시작합니다.

신화는 사람들에게 내면으로 돌아가는 길을 가르쳐 준다.

: 조셉 캠벨 :

첫째 롤모델 로욜라,
"어리석은 과거로 회귀하지 말 것"

우리는 제도를 바꿀 것이 아니라 우리 자신을 바꿔야 한다.

: 크리슈나무르티 :

후대 사람들이 예수회의 창립자로 기억하게 되는 로욜라 신부님은 1491년 스페인 바스크 지역에 있는 로욜라 성 영주의 막내아들로 태어납니다. 이후 군인의 삶을 살면서 출세를 위해 전쟁에도 참여하며 무척이나 세속적인 삶을 삽니다. 그러던 어느 날 전투에서 크게 다쳐 치료하던 중 우연히 〈그리스도의 생애〉를 접하고 마음에 변화를 경험합니다. 부상에서 회복한 그는 몬세라트의 성모 성당을 방문하여 꼬박

하룻밤을 성모 마리아와 아기 예수의 환시를 체험하며 회개 기도를 올립니다. 다음날 아침 깊은 참회 기도에서 깨어난 로욜라는 입고 있던 값진 옷과 신발을 주변의 가난한 이들에게 나누어주고 자신은 맨발로 고행 길에 오릅니다. 그렇게 맨발의 순례여행을 하며 만레사에 있는 동굴에 이르러 1년간을 극기에 가까운 고행과 기도를 하며 새로운 사람으로 거듭납니다. 이때 그가 행했던 수행이 훗날 예수회 수련의 기초가 되는 영신수련입니다……

연구소 첫 번째 과제인 '나의 신화'를 만든 이후 내게 주어진 두 번째 과제는, 동서양 문명사를 넘나들며 역사의 한복판에 섰던 인물들 가운데 3명의 롤 모델을 찾는 일이었습니다. 이번에는 지난번처럼 실수하지 않으려고 미리부터 실행 과제를 확인하고 책 읽기를 시작했습니다. 한 장 한 장 책장을 넘길 때마다 다채로운 인물들이 등장합니다. 때론 자신을 내던져서 시대의 어둠을 밝히는 희생양이 되기도 하고, 때론 움트는 여명에 박차를 가하여 새로운 변화의 물결을 만들어내기도 합니다. 인물들을 통해 역사를 읽어가며 개인의 총합이 결국 사회이자 국가, 더 나아가서는 문명 그 자체임을 깨달으며 현대를 사는 우리가 왜 문명사를 공부해야 하는지 터득하게 되었습니다.

그러나 거시적 흐름을 읽어가는 동안 딱히 끌리는 위인을 만나지 못한 저는, 화려한 르네상스 시대가 끝나갈 무렵 로욜라 신부님과 마주하게 됩니다. 그분의 메타노이아(내면 깊이에서 일어나는 회심)는 혁신의 길을 찾고 있던 제게 청량제와 같았습니다.

로마 가톨릭 교황들이 막강한 권력을 휘두르던 중세 시대에 이어 고대 그리스 시대의 인본주의로 돌아가자고 외치는 르네상스가 시작됩니다. 역사상 가장 찬란한 문예부흥 운동이 역사의 흐름을 바꾸고 저물어갈 무렵, 드디어 종교개혁의 깃발이 솟구칩니다.

오늘날이야 워낙 무신론자가 많아서 종교개혁의 의미가 피부로 다가오지 않을 수 있습니다. 그러나 종교가 곧 법이자 인간의 정신까지 지배하던 시기에는 칼이 목에 들어오는 것처럼 개혁의 외침은 엄청난 사건이었지요. 민중에 의해 시작된 종교개혁은 루터가 로마 가톨릭으로부터 개신교를 분리시키는 역사적 물꼬를 트며 급물살을 타게 됩니다. 한편 로마 가톨릭이 붕괴 위기에 휩싸여 있었던 그때 가톨릭 역사상 가장 철저한 고행을 주장하며 안으로부터의 혁신을 부르짖은 로욜라 신부가 등장합니다.

이제 막 '나의 신화'를 만들어낸 저는 두 가지 측면에서 로욜라 신부님께 강렬하게 끌렸던 것 같습니다. 첫째는 그분의 내면 깊은 메타노이아, 즉 회심이었습니다. 얼마나 뼛속까지 삶을 반성했는지 그는 그날 이후 단 한 번도 과거로 되돌아가거나 물러섬이 없었습니다. 저 또한 어리석은 행보를 두 번 다시 반복하고 싶지 않은 마음이 컸습니다. 로욜라의 철저한 회심 정신을 만나면서 저는 내면 가장 깊은 곳으로 내려가 철저히 마음을 돌리는 것이 급선무임을 깨닫게 되었지요.

둘째는 가톨릭이라는 구체제를 무너뜨리지 않은 상태에서 시도한 개혁이 좋았습니다. 과거의 삶이 아무리 후회된다고 해도 지금껏 걸어온 시간 또한 나의 삶인 만큼, 이를 버리고 새로운 옷으로 갈아입기보다는 오늘을 개혁하여 제 과거를 미래로 이어가고 싶었습니다. 더불어 가톨릭 체제의 해체를 외쳤던 프로테스탄트 역시 과거 그들이 지적했던 가톨릭의 문제점을 똑같이 양산하는 모습을 보면서 결국 문제는 제도가 아니라 제도를 만든 인간이라는 데 생각이 미쳤습니다(개인적으로 저는 천주교 신자도 아니고, 특정 종교를 옹호하고 싶은 마음도 없습니다.).

저 또한 저를 둘러싼 외부 환경을 탓하기보다는 스스로를 변화시키는 것이 제 역사의 혼돈을 바로잡는 일이라고 생각하게 되었습니다. 로욜라 신부님이 이룬 자기로부터의 개혁을 보며, 제 삶을 변화시킨다는 것이 생각의 표면을 달리 색칠하는 일이 아니라 이보다 훨씬 더 근원적인 무언가와 만나는 일임을 느끼기 시작했던 것 같습니다.

한 가지 제 흥미를 끌었던 건 로욜라 신부님이 탄생한 스페인의 바스크라는 지역이었습니다. 이 지역 사람들은 1930년대 스페인 내전에서 승리한 독재자 프랑코의 파쇼 정권에도 반대의 목소리를 외칠 만큼 강력한 저항정신을 보여줍니다. 1956년에는 또 다른 가톨릭 사제인 아리스멘디아리에타 신부님이 노동자 협동조합인 몬드라곤을 설립하는데 이 단체는 2010년 기준 전 세계 11개 재단과 258개 기업을 지닌 글로벌 협동조합으로 성장합니다. 노동자 협동조합으론 유례를 찾기 힘든 사례입니다. 경제 전문가들은, (이들이 바스크 지역이 로욜라 신부님의 탄생지임을 아는지 모르는지 모르겠지만) 몬드라곤의 성공요인으로 개혁적인 가톨릭 성향을 지닌 바스크 지역의 문화적 특성을 꼽고 있습니다.

바스크 지역에는 오늘날에도 현대판 로욜라 신부님들이 등장하여 자신들이 속한 지역사회를 더 아름답게 만들기 위해 부지런히 삶을 꾸려가는 것 같습니다.

내면 깊은 곳에서 이루어지는 처절한 각성이 모든 변화의 시발점임을 로욜라 신부님은 제게 일깨워주었고, 그렇게 그는 저의 첫 번째 큰 별이 되었습니다. 진정한 각성만이 그동안 사방팔방으로 흩어져 흙탕물만 일으키던 물줄기를 하나로 모아 비로소 넓고 큰 바다를 향해 쉼 없이 흘러갈 수 있음을 저는 로욜라 세 글자를 통해 알게 되었죠.

로욜라 신부님을 마음의 별로 삼고 나자 문득 스쳐 지났던 르네상스 시대의 인물 가운데 한 사람이 떠올랐습니다. 너무나 불멸의 인물인지라 감히 롤 모델로 삼을 생각을 못하고 페이지를 넘겼는데 돌이켜보니 그 또한 우리와 똑같은 인간이었음을 깨달았습니다. 그 두 번째 인물에 생각이 미친 저는 회심 이후 어떤 노력을 들여야 재능을 꽃 피울 수 있는지 그에게 물어야겠다고 생각했습니다. 책장을 다시 뒤로 넘깁니다. 드디어 두 번째 큰 별을 마음에 새기는 순간이 찾아옵니다.

둘째 롤모델 미켈란젤로,
"노력은 때로 광기처럼 보인다"

살아가는 동안 완벽은 언제나 나를 피해 갈 테지만, 그렇지만 나는 또한 언

제나 완벽을 추구하리라고 다짐했다.

: 피터 드러커 :

"언제 끝나나?"

교황 율리우스 2세는 오늘도 미켈란젤로에게 묻습니다.

"때가 되면요."

화가의 답입니다.

또 한참의 시간이 흐릅니다. 고령의 교황은 미켈란젤로에게 다시 묻습니다.

"언제 끝나나?"

"예술을 충족시키기 위해 제가 필요하다고 믿는 일을 모두 마칠 때입니다."

교황 율리우스 2세는 미켈란젤로의 작품을 보려고 자그마치 4년이 넘는 시간을 기다려야 했습니다. 교황이 작품 완성 후 넉 달 뒤에 죽음을 맞이하는 것을 생각하면 얼마나 속이 탔을지 가늠하기 어렵지 않습니다. 하지만 고령의 율리우스 2세가 재촉하는 중에도 미켈란젤로는 예술가로서의 완성도를 추구한 뒤에야 작품을 세상에 내놓습니다. 여러분, 혹 이 작품이 어떤 작품인지 눈치 채셨을까요? 네 맞습니다. 바로 미켈란젤로를 불멸의 예술가 반열에 올려놓은 시스티나 성당 벽화 〈천지창조〉입니다.

〈천지창조〉는 미켈란젤로가 자그마치 4년 넘게 매달려 완성한 작품입니다. 그는 이 작품을 그리는 동안 작업복도 거의 갈아입지 않고 생활했다고 알려져 있습니다. 더군다나 이 작품은 천장에 그리는 벽화여서 일상적인 자세로는 도저히 그림을 그릴 수 없었죠. 미켈란젤로는 특별히 제작된 침대에 누워서 장시간 작품을 그렸는데 어찌나 한 자세를 오래 유지했는지 등에 욕창이 생겼다고 합니다. 당시에 그가 사용했던 프레스코 기법은 물감이 마르기 전에 색칠을 해야 했기 때문에 작업을 하다 보면 먼저 바른 물감이 눈으로 떨어지는 일이 다반사였습니다. 그 때문에 그가 시스티나 벽화를 다 그렸을 때쯤에는 시력의 상당

부분을 잃게 되었죠. 미켈란젤로의 뜨거운 예술혼을 읽으며 저는 엄숙함에 사로잡히게 되었습니다.

> 흐르는 물이 구덩이를 만나면 그 구덩이를 다 채운 다음에 앞으로 나아간다.
>
> : 맹자 :

인류 역사상 가장 화려하고 찬란한 문화를 꽃피웠다고 일컬어지는 르네상스 시대, 그리고 그 시대의 중심에 선 인물로 손꼽히는 미켈란젤로가 살아생전 이런 노력을 기울였을 거라고는 한 번도 생각해본 적 없었습니다. 미켈란젤로라는 사람이 궁금해졌습니다. 자서전을 펼쳐보다가 저는 미켈란젤로가 평생 힘없고 핍박 받는 사람들을 작품에 담는 데 몰두하느라 사랑에 빠지거나 결혼을 해본 적이 없다는 사실을 알게 되었습니다. 그의 조각품 〈피에타〉는 그냥 예술품이 아니었습니다. 인간에 대한 깊은 고뇌와 끊임없는 노력이 어우러져 태어난 또 하나의 불멸의 작품이었습니다.

사실 미켈란젤로 본인은 그림보다는 조각을 더 좋아했다고 합니다. 그럼에도 그는 당대의 내로라하는 모든 화가들을 제치고 율리우스 2세로부터 시스티나 성당의 가장 중요한 작업인 천장 벽화 제작을 요청 받습니다. 교황은 다른 귀족적이고 사교적인 수많은 화가들보다 다루기는 쉽지 않지만 가장 깊이 있는 작품을 만들어내는 미켈란젤로를 선택하고 죽음의 문턱에 이르기까지 4년 넘는 세월을 기다려줍니다. 비록 그가 미켈란젤로를 인간적으로 친숙하게 여긴 것은 아니지만 예술에 대한 애정과 안목만큼은 대단하다는 생각이 들었습니다.

미켈란젤로는 죽을 때까지 작업복과 빵으로 상징되는 소박한 삶을 살며 작품에만 몰두합니다. 자기 한 몸을 오직 예술에 온전히 다 던지는 필멸의 삶을 살아 인류역사상 가장 위대한 불멸의 예술가가 되었습니다. 그리고 그 여정은 그 누구도 상상하기 어려운 고행의 연속이었습니다.

도저히 인간의 삶이라 믿기 어려워 자서전까지 들쳐본 저는 그의 엄청난 에너지에 한없이 끌려들어갔습니다. 그를 만나기 전까지, 천재란 날 때부터 천재라는 생각을 품고 살았던 것 같습니다. 모차르트 하면 신동이라고만 생각했지 그가 7살 때부터 일생 음악에만 매달려 살았다는 생각은 한 번도 해본 적이 없었던 셈이죠. 아니 어쩌면 일부러 그렇게 믿으며 살았는지 모르겠습니다. 천재는 나와는 유전자가 다른 종이라 여기는 게 제 삶의 게으름을 탓하지 않고 살 수 있는 유일한 방법이었겠지요. 미켈란젤로의 책을 덮으며 한 가지 결심했습니다.

"나도 한번 미쳐보자."

책을 쓰려면 우선 좋은 책을 많이 읽어야 한다는 스승님 말씀처럼, '일단 책 읽기에 한번 미쳐보자.'고 작정했습니다. 좋은 책을 쓸 자신은 없었지만 좋은 책을 읽기는 할 수 있었습니다. 어쩌면 제가 할 수 있는 가장 최소단위의 일 하나를 찾아 거기서부터 다시 시작하고 싶었던 것인지 모릅니다. 그런데 그렇게 책을 통해 저를 꽉꽉 채우고 나서 세상에 어떻게 나아가야 할지에 대해, 제게 길을 알려준 이는 아이러니하게도 희대의 바람둥이였습니다.

셋째 롤모델 피카소, "시대를 외면하지 말 것"

모든 지식은 행동으로 옮겨야 한다.

: 알베르트 아인슈타인 :

에스파냐 내란이라고도 불리는 스페인 내전은 1936년 프랑코 우파 장군이 아사냐 좌파 인민정부를 상대로 일으킨 쿠데타로, 1939년 프랑코 측의 승리로 막을 내립니다. 이후 스페인은 프랑코 장군이 1975년 사망할 때까지 독재정권의 지배를 받게 됩니다.

이 내전으로 인해 스페인 전역이 황폐해졌는데 특히 바스크 지역의 소도시 게르니카는 독일군의 폭격을 맞아 주민들의 3분의 1이 학살되고 말았죠. 유명한 '게르니카 학살'입니다(바스크 지역은 앞에서 말씀 드린 로욜라 신부님의 탄생지이자 현재까지도 스페인에서 가장 좌파 진보적 성향을 지닌 곳입니다.).

한 나라의 내전이 이토록 가혹하게 전개된 이유에는, 외세의 개입이 존재했기 때문입니다. 좌파 인민정부는 소비에트 연방에 도움의 손길을 구했고, 우파 프랑코 장군 측은 나치 독일과 무솔리니 이탈리아로부터 전격 지원을 받으며 마치 2차 세계대전의 전초전과 같은 형태로 전개되었습니다. 유럽이나 한반도나 한 나라의 내정에 주변 강대국들이 끼어들면 그 피해는 고스란히 간섭 받은 나라의 국민 몫이 되는 것 같습니다(한 가지 특이한 건 그때까지 아직 최강국의 지위까지 오르지 못했던 미국은 공식적으로는 중립을 선포했는데 뒤로는 소련 측에는 비행기를 팔고 스페인 반군 측에는 가솔린을 팔며 장삿속에 여념이 없었다는 사실입니다. 이 글을 쓰는 지금, 트럼프의 얼굴이 떠오른 것은 어쩌면 너무 당연한 일일까요?).

스페인 내전의 우파 파시스트 대 좌파의 대결이라는 성격 때문에 유럽 진보 지식인들은 거의 사회주의자를 자청하며 파시스트 우파에 대항하는 태도를 취하게 됩니다. 마침 프랑스에서 활동하고 있던 미술계의 거장 피카소 역시 프랑스 공산당원으로 활동합니다. 더불어 피카소는 정부 권력에 의한 민간인 학살에 대해서 비판적 자세를 취하고 있었죠. 실제로 그는 한국의 노근리에서 벌어진 미군의 민간인 학살행위를 비판하며 1951년 '한국에서의 학살(Massacre in Korea)'이란 작품을 발표합니다. 이후 피카소는 공산주의 역시 독재적 성향을 띄는 것에 반감을 품고 1957년 스탈린을 익살스럽게 표현하는 작품을 그렸습니다. 공산주의 진영에서는 그의 작품을 스탈린에 대한 조롱으로 여겨 공산 당원에서 제명시키는 조치를 취하게 되죠.

'피카소'라면 천재 화가, 입체파 화가 그러나 희대의 바람둥이 정도 로만 알고 있던 저는 그가 한국 노근리 사건의 잔혹함을 전 세계에 알 리는 데 앞장섰다는 사실을 접하고 순간 너무도 부끄러웠습니다. 한국 인이었던 저조차 내 나라에서 일어난 사건들의 면모를 모르거나 혹은 알고도 모른 척 그저 자본주의에 취해 그 안에서의 성공만을 추구하며 살아 왔으니까요.

아는 만큼 보인다는 말이 있듯이 이후 접하게 된 피카소의 〈우는 여 인〉은 피카소 특유의 괴상한 그림이었음에도 불구하고 어딘가 참으로 슬펐습니다. 〈우는 여인〉은 피카소를 거장의 반열에 올려놓은 그의 대 표작 〈게르니카〉의 밑 작업과도 같은 그림으로, 전쟁의 소용돌이에서 가장 험난한 시간을 겪어야 하는 여인들의 아픔을 표현하는 작품입니 다. 그리고 1937년 피카소는 〈게르니카〉를 발표합니다. 이 그림은 스 페인 내전 당시의 참혹한 실태를 주제로 삼고 있는데 한 작품 속에서 다양한 기법을 활용하여 예술적 완성도가 높은 작품으로 평가되며 그 의 대표작이 됩니다. 특히 놀라웠던 사실은 피카소 사후 그가 살아생 전 연습했던 드로잉 노트가 발견되면서였습니다. 175권에 달하는 그 의 노트는 그가 한 작품을 그려내기 위해 얼마나 많은 연습을 했는지 잘 보여주고 있습니다. 그 노트에는 〈게르니카〉를 비롯한 그의 작품

속에서 만났던 인물들이 수도 없이 담겨져 있었지요. 그러니까 그는 타고난 천재성으로 추상화를 마구 휘갈기는 오만한 예술가가 아니라, 자신이 살아가는 세상과 함께 아파하며 이를 대중에게 전달하고자 노력한 위대한 예술가였던 것입니다.

비즈니스를 공부하고 회사를 다니지만 정치나 역사에 무관심해서 지금 내가 살고 있는 시대와 공간의 의미를 이해하지 못했던 사람. 그게 바로 9년 전의 제 모습이었습니다. 과거를 모르니 현재를 이해할 수 없는 건 당연합니다. 현재를 모르면서 어떻게 미래를 예측하고 준비할 수 있었을까요. 늘 반복되는 일상 속에서 왜 그토록 불안했는지 이유를 깨닫기 시작했습니다. 그리하여 결국 인생이란 과거로부터 현재를 거쳐 미래로 간다는 이 당연한 사실을, 피카소를 만나 눈을 뜰 수 있었습니다. 그 세 가지 시제를 염두에 두지 않고 그저 하나의 점으로서 나를 바라본다면 나는 늘 다람쥐 쳇바퀴 돌리듯 제자리에서 맴돌 뿐이겠지요. 아는 만큼 보이고, 아는 만큼 참여할 수 있고, 심지어 아는 만큼 미래를 만들 수 있습니다.

이렇게 로욜라 신부님의 회심, 미켈란젤로의 노력, 그리고 피카소의 현실 참여를 '1인 지식기업가'의 롤 모델로 삼고 지금까지 정치경제, 역사문명, 신화, 심리 등 느리지만 차곡차곡 공부를 쌓아오고 있습니다. 그러면서 차츰 눈앞에서 벌어지는 사회현상들 틈으로 본질이 엿보이는 것이 신기하기도 하고, 그 가운데 제가 가야 할 길이 조금씩 더 선명해지는 것 또한 감사한 마음입니다. 9년 전에는 단지 제 삶으로부터 도망치고 싶어 무작정 뛰어 들었던 1인 지식기업가의 길이 이제는 양극화 현상이 심화되는 저성장 시대에 몰락하는 중산층을 지탱해줄 확실한 옵션 중의 하나라는 확신까지 더해졌기에 말입니다.

니체, 그가 나를 잘게 부수었다,
자력을 잃을 만큼

  '망치를 든 철학자'라는 별명으로 유명한 프리드리히 니체(1844~ 1900)는 쇼펜하우어의 대를 이어 현대철학의 문을 연 독일 철학자입니다. 그가 '망치를 든 철학자'라는 별명을 얻은 이유는, 역사를 통해 대대로 전해오던 모든 관념과 믿음 체계를 깨부수었기 때문이죠. 그에 의하면 인간은 사회적 규범과 체제에 순응하도록 훈련을 받고 자라게 되며, 성장 후에는 자발적으로 자기 자신을 체제에 맞춰 관리, 감독하는 능동적 길들이기를 한다고 합니다. 이런 순응 과정을 거치며 인간은 점차 삶에의 의지를 잃어버리고 마치 한 무리의 가축 떼처럼 이리 끌려가고, 저리 끌려가며 무거운 짐을 지고 사막을 건너가는 낙타와 같이 허무주의에 빠진 채 인생을 마감하게 된다고, 그는 주장하죠.

> 세계를 해석하는 우리의 눈은 조작되고 훈련 받는다. 우리의 눈은 더 이상
> 여럿이 아니다. 특정한 방향으로만 보도록 강제하는 일종의 시각 체제 속
> 에서 우리의 눈은 길들여지고 있는 것이다.
>
> : 니체 :

　니체는 '신은 죽었다'라는 철학적 선포를 통해 서구 문명의 중심축이
었던 종교를 정면으로 부정합니다. 그에 따르면 종교란 의지하지 않고
는 살 수 없는 인간이 만든 굴레 가운데 가장 고차원적인 것으로, 그는
절대적 힘에 매달리지 않고는 살 수 없는 인간의 마음, 즉 신앙심 그 자
체가 하나의 종교라고 설명합니다.

　나아가 그는 인간이 자신을 옥죄는 굴레를 벗어나 자유로운 영혼으
로 살기 위해서는 각자 안에 지니고 있는 초인을 일깨워야 한다고 주장
합니다. 이것이 바로 니체의 위버멘쉬, 즉 초인사상으로, 초인이란 자
신을 뛰어넘는 혹은 극복하는 인간이라는 뜻입니다. 지금까지 스스로
를 사회적 규범의 틀 안에 묶어두었던 한계를 뛰어넘는 창조적 인간을
뜻하는 말이죠. 니체는 내 안에 잠들어 있는 초인을 일깨우기 위해서
는 내가 믿고 습관적으로 따르던 모든 행위규칙에 대해서 의문을 품어
야 한다고 말합니다.

　그렇게 내 안의 초인을 일깨운 인간은 무거운 짐을 지고 뜨거운 사막

을 끌려가는 낙타가 아니라 어린아이처럼 유희하듯 삶을 살 수 있게 된다고 합니다. 모든 것이 새롭고, 모든 것이 환희롭고, 모든 것이 경탄스러운 삶. 그것이 바로 길들여진 가축처럼 무리를 이루어 휩쓸린 삶을 사는 수많은 사람들 속에서도 인류 역사를 미래로 이끌어가는 거대한 힘이라고 합니다. 그리고 이 힘을 니체는 영원회귀의 힘이라 부르며 이 힘이야말로 인류 문명을 생성하고 소멸시키는 가장 근원적인 힘이라고 덧붙입니다.

> 개인은 계속되는 변화를 통해 자신의 주어진 정체성을 잃어버림으로써만 자기를 생성시킬 수 있다.
>
> : 니체 :

무더운 여름이 지나면서 '통찰'이란 주제 아래 동서양을 넘나드는 철학과 사상 공부를 시작했습니다. 그 길에서 처음 만난 사람이 니체였습니다. 도대체 이 어렵고도 신랄한 철학자가 왜 첫 번째 주자였는지요. 전 그의 책 앞에서 완전히 무너지고 말았습니다. 어떻게 인류 역사의 모든 것을 이처럼 반박하고 도전할 수 있는지 정신이 얼떨떨했습니다. 그의 표현에 의하면 저는 어깨에 무거운 짐을 지고 뜨거운 태양 아래 사막을 마지못해 끌려가는 낙타였습니다. 그러나 연구원을 찾던 즈음 제 발걸음은 참으로 무거웠고 표정은 늘 어두웠으니 그가 딱히 틀린 것도 아니었습니다. 가슴 뛰는 삶을 살지 못하는 이가 눈빛이 반짝일리 만무하니 말입니다.

마치 니체에 의해 하늘 높이 들렸다가 바닥에 크게 내동댕이쳐진 기분이 든 저는 그가 왜 망치를 든 철학자라는 별명을 갖게 되었는지 온몸으로 체감했습니다. 제겐 망치 정도가 아니었으니까요. 마음을 단단히 붙잡고 필사를 시작했습니다. 제아무리 니체라고는 하지만 취할 건취하고 버릴 건 버려야겠다는 생각이 들었습니다. 그렇게 다시 마음을가라앉히고 차분히 필사를 하면서 만나는 니체는 이전보다 더욱 탁월했습니다. 그리고 비로소 스승님께서 왜 니체를 철학의 맨 앞에 두셨는지를 이해할 수 있었습니다.

니체는 연구원과정 맨 처음 만났던 조셉 캠벨과 깊은 곳에서 맞닿아있는 것 같았습니다. 다만 그 방식이 캠벨은 부드럽고 울림이 깊다면, 니체는 너무도 직설적이고 파괴적이어서 충격이 앞섰던 것 같습니다. 캠벨을 시작으로 저만의 북극성을 찍고 길을 떠나 많은 스승들로부터지식을 쌓았다면 니체로부터 시작된 철학자들과의 만남은 저만의 세상 만들기로 이어지고 있었습니다. 단연 필두는 니체의 망치 한 대였습니다. 저는 그의 망치질을 그대로 감수하고 있었습니다.

그렇다고 제가 니체주의자가 된 것은 아닙니다. 20세기의 따듯한 지성, 버트런트 러셀은 니체를 일러 사랑이 결여된 자라고 말했죠. 제게니체는 너무 과격했습니다. 제가 감당할 수 있는 인물이 아니었습니다. 다만 새로운 여정을 걷기 위해서는 낡은 껍질을 철저히 깨뜨려야한다는 것을 뼈저리게 배울 수 있었습니다. 모든 것에 의문을 품고, 근

거 없이 쌓아올린 탑을 허물고, 다시 그 자리에서 뭔가를 주체적으로 만들어가야 한다는 깨달음 말입니다. 그리고 이것이 바로 스승님께서 저희에게 알려주시고 싶으셨던 '변화경영'의 실체가 아니었을까 싶었습니다. 변화란 허물 안에 감춰진 내 안의 초인을 일깨워 온 삶으로 표현하는 것. 그리하여 발걸음도 가볍게 춤추듯 불꽃같은 삶을 사는 것. 스승님께서 당신의 삶을 통해 보여주셨던 바로 그 모습입니다.

요즘 가장 핫한 이슈 중의 하나가 4차 혁명이 아닐까 싶습니다. 인공지능이 인간의 일자리를 빼앗는 것은 물론, 끝내는 인간을 지배하는 위치에 서지 않을까 하는 이야기까지 돕니다. 하지만 니체의 시각으로 보자면 인간은 자기 주체적으로 살지 않는 한, 지금도 늘 길들여지고 지배 받는 삶을 살고 있습니다. 그렇게 생각한다면 인공지능의 지배를 염려하기보다는 지금 이 순간의 제 삶을 돌아봐야 할 것 같습니다. 혹시라도 나는 수동적 길들여짐을 지나 자발적인 길들여짐의 틀 안에서 살아가는 것은 아닌지, 헛된 약속만을 믿고 일상을 허무주의에 빠뜨리고 있는 건 아닌지 말입니다.

이렇듯 니체를 통해 산산이 부셔진 저는 이후 동양 사상 책들을 통해 위로를 받았습니다. 니체에 의해 깨어진 생각들을 동양사상으로 채우며 깊어가는 가을과 함께 서서히 물들어 가고 있었습니다. 그러던 어느 날, 철학의 마지막 책을 만나며 신비로운 체험을 하게 됩니다. 단 한 번도 책을 읽으며 그런 경험을 할 수 있으리라고는 상상한 적이 없었기 때문에 그 체험의 여운은 지금껏 가슴에 남아 있습니다.

책 읽기와
신비체험

　이제는 오래 전 이야기가 되었지만 제가 연구원으로 있던 시절, 대한
민국에는 〈시크릿〉의 '끌어당김의 법칙' 열풍이 불고 있었습니다. 역시
나 세계적인 베스트셀러가 된 〈연금술사〉에서 코엘료는 '마크툽. 간절
히 원하면 이루어진다.'를 얘기하기도 했지요. 저도 그들의 속삭임에
마음이 흔들렸던 기억이 납니다. 연구원 시절 수료를 앞두고 카프라의
〈현대 물리학과 동양사상〉을 읽기 전까지는 말이죠.

　캠벨을 만나고 니체한테 호되게 당하며 1년간의 연구원 과정을 마쳐
갈 무렵에 펼쳐든 카프라의 책은 당혹감 그 자체였습니다. 그동안 신
화, 역사, 정치, 경제, 철학 심지어 서양종교 사상사까지 공부했지만

제가 정말 자신 없는 건 다름 아닌 물리학이었기 때문입니다. 도대체 리뷰는커녕 이해는 할 수 있을까? 의구심을 지우지 못한 채 책 앞에서 서성거렸습니다. 연구원 과정은 그야말로 산 넘어 산이었습니다. 물리학과 동양사상의 만남이라니, 깊은 가을 서늘한 방에 앉아 있는데 머리에 김이 오릅니다.

엇! 그런데 이상합니다. 책이 읽힙니다. 네, 읽힌다는 표현이 맞습니다. 앞에 읽었던 역사, 철학, 사상서들은 말 그대로 머리를 쥐어짜며 읽었는데 이 책은 '그렇지, 그렇지' 하며 활자를 따라가고 있었습니다.

'무슨 일이지? 나 과학 분야와는 거리가 되게 먼데. 어쩐 일일까? 신기하네. 혹시 내가 그 동안 책을 너무 열심히 읽어서 뇌가 재배치되었나?'

좀 이따 어떤 일을 겪을지 상상도 못하는 저로서는 잔뜩 겁먹었던 책이 줄줄줄 읽히자 신바람이 났습니다.

그토록 어렵게만 느껴졌던 아인슈타인의 상대성 이론 앞에서도 고개가 끄덕여집니다. 요즘에야 워낙에 SF 영화를 많이 접하다 보니 시간과 공간이 서로 연결되어 흐르고 있다는 상대성 이론이 시대의 상식처럼 쉽게 다가오지만 그때까지만 해도, 특히 물리학 문외한이었던 저로서는 현대 물리학의 토대를 이루는 이 이론이 쉽게 이해된다는 것이 참 신기했습니다. 하기 싫은 일을 할 때는 10분도 지루하지만 재미있거나 흥미로운 일을 할 때는 1시간도 후딱 가는 걸 생각해보면 사실 관찰자에 따라 시간이나 공간이 얼마든지 상대적으로 해석된다는 상대성 이론의 진술이 오히려 친숙하기까지 합니다. 그렇게 벌벌 떨며 펼쳤던 책장이 의외로 부드럽게 읽혀지며 신나게 진도를 뽑던 저는 문득 어느 지점에서 멈추고 맙니다.

"러더퍼드가 원자들에 이 알파 입자들을 발사하였을 때, 그는 놀랍고도 전혀 예상하지 못한 결과를 얻었다. 고대로부터 믿어 왔듯이 원자는 딱딱하고 견고한 입자들이 아니라 극도로 미세한 입자인 전자들이 전기력에 의해 핵에 묶여져 그 주위를 돌고 있는 광대한 공간으로 구성되어 있다는 것이 판명되었다." (카프라의 〈현대물리학과 동양사상〉 중)

지금까지 우리가 딱딱하고 견고한 물체로만 알고 있던 원자를 쪼개고 쪼개어 들어가다 보면 극도로 미세한 전자들이 살아 움직이며 모여 있다는 말입니다. 그러니까 지금까지 저희들이 흔히 무생물이라고 부르던 모든 것들이 사실은 그 안에 생명 에너지를 포함하고 있는 존재들이라는 의미입니다!

'이건 뭐지? 그렇다면 지금 내 앞의 책상도, 노트북도 그리고 저 옷장도 전부 생명 에너지를 품고 있다는 말이야?'

갑자기 머리를 한 대 맞은 것 같은 기분이 들면서 동양사상에서 흔히 말하는 '바위 속에도 생명 깃들어 있으니'라는 표현이 빈 말이 아니었다는 생각에 불이 번쩍하는 느낌이었습니다.

그리고 다시 생각하니 아인슈타인의 상대성 이론 중, 결국 이 우주의 모든 물체들은 유기적으로 연결되어 상호작용을 벌이고 있는데 거기

그곳에 내가 어떤 시각을 갖고 어떤 식으로 참여하느냐에 따라 저의 우주가 펼쳐진다는 얘기가 가슴속으로 들어왔습니다.

우주는 전일적으로 하나인데 모든 생명체들은 저마다의 시각으로 한 조각에 참여하며 반대로 그 모든 생명체들이 마치 인드라망(불교 용어로, 구슬로 이루어진 그물을 뜻한다. 세상만물이 서로 연결되어 있음을 비유하기 위한 말로 쓰인다.)처럼 서로 유기적으로 연결되어 다시 전체를 이룬다는 말이 비로소 이해되었습니다.

한 알의 모래에서 세상을 보고, 한 송이 들꽃에서 천국을 본다.

: 윌리엄 블레이크 :

아, 마치 저는 이 하나를 깨닫기 위해 지난 1년을 그토록 치열하게 달려왔던 것 같았습니다.

그리고 바로 그 순간이었습니다. 제 앞의 물체들이 살아 있는 것처럼 생명 에너지를 뿜어내기 시작했습니다. 저는 그 자리에 꼼짝없이 얼어붙어 있고, 제 눈앞의 무생물이라 여겼던 책상이며 노트북이 목숨붙은 생물처럼 에너지를 내뿜는 것이 느껴졌습니다. 물체 하나 하나가 살아 숨쉬기 시작하는 것 같았습니다. 너무도 신기해서 전 그저 멍하게 바라만 보고 있었습니다. 그렇게 얼마간의 시간이 흐르자 정신이 돌아왔고, 눈앞의 물체들은 언제 그랬냐는 듯 다시 고요 속으로 침잠합니다(사실 제게는 이런 경험이 그때가 처음이었는데 나중에 알고 보니 분석심리학을 통한 내면작업이나 수행자들이 초기에 흔히 겪는 일들 중 하나였습니다. 다만 그것이 책 읽기를 통해서도 가능하다는 사실은 지금 생각해도 놀라운 것 같습니다.).

그 놀라운 체험 후 다시 펼쳐든 책 후반부에는 동양사상이 경이롭고 황홀하게 펼쳐져 있었습니다. 아인슈타인이 말하는 우주는 전일적이자 서로 연결되어 있다는 것이 불가에서 말하는 화엄경의 세계라는 것과 통한다는 사실도 알게 되었습니다. 더불어 현대 물리학자들이 말하는 우주의 법칙이라는 것을 불가에서는 인과의 법칙, 즉 카르마의 원인이자 결과가 되는 연기법이라고 부른다는 것도 알게 되었습니다. 비로소 어째서 그토록 생경한 물리학과 동양사상이 하나의 책에 담긴 건지 이해할 수 있었습니다.

'우주는 인드라망처럼 연결되어 아름답게 빛을 발하고 있지만 내가 보고 느끼고 경험하는 세계는 오직 내 근기(깨달을 만한 능력을 일컫는 불교 용어)에 따라 한계 지어진다. 즉 내가 살고 있는 4차원의 세계는 내 의식이 무의식적으로 투영된 세계이다. 그러므로 간절히 원하되, 무한한 생명을 품고 아름답게 빛을 발하는 전일적 우주에 나를 합일시켜, 선순환의 삶에 들어서길 바라는 가운데 나를 갈고 닦아야 하겠구나.'

책을 덮으며 저를 감싸고도는 깨달음이었습니다.

만물은 서로 의존하는 데에서 그 존재와 본성을 얻는 것이지, 그 자체로서
는 아무것도 아니다.

: 카프라 :

그리하여 전 연구원 1년 과정을 마치며 이제 홀로 걸어가야 하는 2
년차를 맞이하여 '인간 탐구'를 하기로 결심하였습니다. 결국 정치, 경
제, 역사, 문명 이 모든 것들은 사람의 문제로 압축되기 때문에 우선 사
람부터 이해하고 싶어졌습니다. 그래서 연구원 과정에서 단 한 권 맛
보았지만 도무지 감을 잡을 수 없었던 칼 융의 분석심리학의 세계로 들
어가려고 했지요. 그러나 스승님께서는 저를 멈춰 세우셨습니다. 융은
혼자 들어가기에는 너무 깊어 자칫 위험하다고 말입니다. 그러니 차라
리 캠벨을 잡고 무의식의 보물창고인 그리스 신화와 문명 세계로 들어
가라고. 그러나 저는 그 말씀을 듣지 않았습니다. 그토록 가열 차고 힘
겨운 변경연 연구원 과정의 책을 1년 동안 쉼 없이 읽은 저로서는 이
제 정복하지 못할 책은 없을 것 같았습니다. 도리어 제 눈에는 그리스
신화가 더 모호해 보였습니다. 차라리 융과 정면대결을 하는 게 낫다
는 생각에 융의 산에 도전했습니다. 결과는 결국 심리학 전체를 다 뒤
져야 했고, 그러고도 모자라 살아있는 스승이 필요함을 알게 되었습니
다. 그때 저는 동양 사상에 뿌리를 두고 심리학 체계를 완성한 에니어
그램의 창시자 나란죠 박사님을 만나기 위해 유럽을 오가며 올바른 공
부의 길로 들어설 수 있었습니다. 그리하여 뒤늦게 그리스 신화와 문

명을 공부하며 어째서 스승님께서 그리스 신화를 먼저 공부하라 하셨는지 뼈저리게 깨달았습니다. 역시 공부는 길잡이가 필요한 일이었습니다.

하지만 그렇다고 제가 연구원 과정이 끝난 직후부터 융에게로 달려간 것은 절대 아니었습니다. 연구원 졸업여행을 떠난 자리에서, 저는 스승님께 현역으로 올리는 마지막 말씀에서 이렇게 말했습니다. 이름으로는 스승님을 뛰어넘을 수는 도저히 없을지라도 최소한 노력만큼은 부끄럽지 않은 제자가 되겠노라고 말이죠. 그 순간 저는 비장하기까지 했습니다. 그러나 아, 인간의 풀어짐은 어디까지인지요. 전 나무늘보가 부럽지 않게 늘어지고 말았고, 결국 저의 늘어짐을 타파하기 위해 카프라에게서 배운 인드라망의 힘을 빌려서야 겨우 난국에서 빠져나올 수 있었습니다. 1인 지식기업가로 전환한 2년차는 한마디로 게으름과의 투쟁이었습니다.

: 악마 유혹 :

공부에 진척이 있다면
반드시
악마가 나타난다

새벽형 인간으로의
변신

저는 '일찍 일어나는 새가 벌레를 잡아먹는다.'라는 이야기를 들을 때마다 '낮에도 벌레는 있다.'라고 응수할 정도로 아침형 인간과는 거리가 멀었습니다. 오히려 어릴 때부터 몸에 밴 습관은 올빼미에 가깝습니다. 한밤중 고요한 시간 홀로 깨어 이런저런 일을 하는 것이 얼마나 낭만적이고 달콤한데 굳이 꼭두새벽부터 일어나 학원 가고 동네 달리고 하는 사람들 보면 참 이해하기 어려웠습니다. 그리고 그 습관 그대로 연구원 과정 내내 밤을 친구 삼아 대개는 새벽 1~2시까지 혹은 심지어 새벽 3시까지 북 리뷰를 하며 저만의 시간을 즐겼습니다.

그런데 연구원 과정이 끝나고 나니 문제가 벌어졌습니다.

깨어 있는 새벽시간에 딴 짓을 하고 있습니다!

그리고 엄청 늦잠을 잡니다!

저는 연구원 과정 중에 다니던 회사를 그만두었습니다. 과정을 시작해보니 회사를 다니면서 매주 700~800쪽 때론 1000페이지나 되는 어려운 책을 읽고 필사하고 북 리뷰를 해서는 절대 제가 원하는 만큼 흡수할 수 없겠다는 판단이 들었습니다. 게다가 그 동안 쉼 없이 달려온 시간에 비해 제 삶은 마치 쓰러지는 한옥 폐허처럼 여기저기 구멍이 났기 때문에 이번 기회에 밑바닥부터 차곡차곡 다시 쌓고 싶었습니다.

간절함이 차고 넘치던 만큼 연구원 과정 동안에는 제 잠 패턴이 전혀 문제가 되지 않았지만, 문제는 과정이 끝난 뒤였습니다. 과정을 마치며 저는 두 번 다시 회사형 인간으로는 살지 않겠다고 다짐했습니다. 1년간 공부하며 제가 왜 허망감에 빠졌는지 처절히 깨달았고, 앞으로 어찌 살아야 할지 정확히 방향을 잡았다고 생각했습니다. 더불어 주옥 같은 책들을 읽으며 어떻게 하면 1인 지식기업가로 살아갈 수 있을지도 철저히 배웠기에 이제 남은 일은 이대로 걷기만 하면 된다는 계산이 서 있었습니다. 아마도 그런 까닭에, 스승님 앞에서 그토록 비장한 목소리로 '노력만큼은 부끄럽지 않은 제자가 되겠다'고 결의에 차서 말씀드렸던 것 같습니다. 하지만 인간의 의지가 얼마나 나약한지를 깨닫는 데는 그다지 긴 시간이 필요하지 않았습니다.

처음엔 보상심리였습니다. 1년 동안 정말이지 죽도록 공부했으니 잠시만 쉬고 싶었습니다. 한껏 게으름을 피우고 싶은 새벽녘, 책 대신 영화가 들어옵니다. '영화도 나름 의미 있는 작품들 많잖아?' 스스로 합리화를 하면서 영화를 시청합니다. 그러다 영화 대신 드라마가 들어오고, 그걸로도 모자라 더 재미있는 예능이나 기타 인터넷 기사들에 손을 뻗습니다.

흥미로운 건, 전날 밤 재미있고 감정 소모가 많은 프로를 볼수록 다음날 기상 시간은 더 늦어진다는 사실입니다. 급기야 제 기상시간은 9시가 정상이 되고 때론 두 자리 숫자를 기록하기도 하며 오전 시간은 몽롱한 상태로 커피 한 잔 마시며 보내는 걸로 끝나기도 했습니다.

"내가 왜 이러지? 지금 뭐 하는 거지?"

어느 날 거울에 비친 부스스한 제 모습을 보고 깜짝 놀랐습니다. 절망의 끝에서 빠져 나와 이제 겨우 새로운 삶을 꿈꾸게 되었는데 내가 이거밖에 안 되는 인간이었나 싶게 너무 한심하고 속상했습니다. 그래도 공부한 게 헛되지 않았는지 단호히 결심하고 머리부터 단정히 빗었습니다. 그리고 그 날부터 공부를 시작하려고 다시 책을 잡았습니다. 그런데……

아무래도 혼자 공부하다 보니 긴장감이 떨어집니다. 지켜봐 주는 스승님도 없고, 북 리뷰 데드라인이 있는 것도 아니고. 거기다 으쌰으쌰 서로 응원해주고 북돋아 주는 동기들도 없습니다. 문득 외로움이 썰물처럼 밀려들며 책이 눈에 잘 들어오지 않습니다.

진짜 문제는 그동안 저도 모르게 제 안에 자리 잡은 습관이었습니다. 아무리 애를 써도 밤에는 정신이 말똥말똥한 게 일찍 잠이 오질 않고,

그러다 보니 수많은 알람을 맞춰놓아도 아침에 일찍 일어나기가 영 어렵습니다. 낮에는? 몽롱함과 함께 좀비처럼 걸어 다닙니다. 연구원 과정 끝난 지 겨우 한 달이 지났을 뿐인데 모든 게 뒤죽박죽 엉망이 되어 버렸습니다. 뭔가 중요한 결단이 필요한 바로 그때, 문득 스승님의 새벽기상이 떠올랐습니다.

새로운 것을 선택하기 전에 과거의 것은 모두 훌훌 털어 내야 한다. 하지만 우리는 그 끝에서 과거의 틀은 그대로 유지하려는 경향이 있다.

: 윌리엄 브리지스 :

스승님께선 늘 말씀하시기를 1인 지식기업가가 되기 위해선 공무원처럼 공부하고 글쓰기 연습을 해야 한다고 일러 주셨습니다. 회사 생활도 물론 어렵지만 혼자서 길을 가는 것이 더 어렵다는 말씀이셨는데 스승님 그늘에 있을 때는 그 말의 무게를 잘 헤아리지 못했습니다. 회사를 다닐 때는 하루 2시간 정도 내 시간을 만들기 위해 사투를 벌여야 하지만, 회사를 나온 뒤에는 24시간 자기를 관리하기 위해 사투를 벌여야 한다고 하셨습니다. 그러므로 회사원이든 프리랜서든 주체적인 삶을 살기 위해선 무엇보다 하루 혁명이 필요하고, 하루 혁명의 시작은 새벽 기상에서부터 시작된다고 강조하셨습니다.

그 말씀을 떠올린 저는 당장 스승님께 이메일을 썼습니다. 내용인즉 '스승님, 제가 이러하고 저러해서 다 같이 새벽기상을 하고 싶은데 변경연 홈페이지에 공지를 올려도 될까요?'였습니다. 희망하는 모든 변경인들과 함께 '단군의 후예'라는 이름으로 새벽기상 놀이를 해도 괜찮을지 여쭈었습니다. 100일 만에 새로운 습으로 다시 태어나고 싶다고. 그랬더니 스승님께서 답을 주십니다.

"먼별아, 좋다 좋아. 해보려무나. 근데 그거 단군이 아니고 웅녀의 후예, 아니냐?"

곧장 답장을 드려 제 뜻을 스승님께 관철시켰습니다.

"사부님. 기왕 하는 거 곰 말고, 단군의 후예 될래요!"

하마터면 단군의 후예가 아니고, 웅녀의 후예가 될 뻔한 순간이었습니다!

그렇게 두 분 선배와 꿈벗 한 분의 도움으로 '단군의 후예'를 진행했고, 그 덕분에 저는 평생 습관이던 올빼미에서 새벽형 인간으로 재탄생하게 되었습니다. 새벽에 일어나고 보니, 가장 좋은 건 새벽을 중심으로 하루가 재편된다는 사실이었습니다. 스승님 말씀처럼 밤에는 아무리 늦게까지 깨어 있어도 이미 몸과 마음이 지쳐서 스트레스 해소거리를 찾을 수밖에 없습니다. 반면 일찍 자고 다음날 일찍 일어나면 정신은 맑고 몸은 에너지를 회복합니다. 그리고 그 좋은 에너지를 가장 먼저 내가 하고 싶은 일에 쓰는 것이죠.

인간이 자연의 리듬에 가깝게 살면 살수록 안정감과 평온, 삶과의 일체감
은 커진다.

: 스콧 니어링 :

이것이야말로 새벽기상의 묘미이자 수동적 삶에서 주체적 삶으로
전환하는 하루 혁명의 시작이었습니다. 게다가 새벽을 그리 보내면 이
어지는 낮과 저녁 시간도 자연히 보다 건강히 흘러가고, 그런 하루하
루가 쌓이다 보니 저도 모르는 사이 저만의 콘텐츠가 조금씩 쌓이기 시
작했습니다.

지금도 일찍 일어나고 있냐고요? 네, 그렇습니다. 한동안 계속 새벽
기상을 유지하다 몇 년 전 발목 부상을 당하며 입원, 수술 등을 하느라
잠시 습관이 흐트러진 적이 있습니다. 그때도 함께하는 힘을 빌려서
위기를 탈출했습니다. 이번엔 제가 진행하는 '1인 회사 연구소' 연구원
들 중 뜻이 같은 연구원들을 불러 모았습니다. 이름하여 '단군의 후예 :
번외편'이었습니다.

저나 1인 회사 연구원들의 경우, 각자 1인 지식기업가가 되겠다는
방향성과 콘텐츠가 확실한 만큼 비록 인원은 소수지만 열기만큼은 굉
장히 뜨겁습니다. 돌아가며 아침 대문을 열며 각자 개성대로 다양한
새벽 응원 글을 올리는데 매일 아침 그 짧은 글을 접하며 서로 많은 힘
을 얻고는 합니다. 무엇보다 혼자가 아니라 함께 새벽을 열고, 함께 걷
고 있다는 사실이 가장 큰 힘이 되는 것 같습니다.

자발적 프로그램이지만 그래도 못 일어났을 때 뭔가 패널티는 있어야 짜릿함이 유지될 것 같아 지각하는 날은 천 원씩을 내기로 했습니다. 현재 시즌 6까지 마치고, 지금까지 지역 소외계층, 촛불집회, 역사 바로 세우기의 가장 중요한 토대인 '나눔의 집' 그리고 위안부 문제를 일본에 더 당당히 요구하기 위해 한국과 베트남 평화재단 등에 기부했습니다. 일찍 일어나면 스스로의 삶을 변화시키고, 그렇지 못한 날은 누군가의 변화에 보탬이 되자는 취지입니다. 아마 앞으로도 얼마간은 우리 앞에 닥친 역사 청산이나 사회 문제에 좀 더 관심을 기울이며 저희 또한 한국 사회에 촛불이 될 수 있는 1인 지식기업가로 계속 성장해 나갈 것입니다.

자칫 외로움에 쓰러지고 긴장 풀린 습관에 무너질 수 있는 1인 지식기업가 2년차를 저는 그렇게 함께하는 새벽기상 습관을 통하여 극복하기 시작했습니다. 그러나 저는 또 일을 저지르고 맙니다. 새벽에 일찍 일어나 벌레잡기에 열중해야 하는데 엉뚱하게 스승님과 선배들만 쪼아대는 일을 벌이고 맙니다. 아무래도 2년차는 좌충우돌의 시간이었던 것 같습니다.

명함 없는 삶,
그리고 의심

"포트폴리오 인생으로 간다면 자네 자신의 직함은 어떻게 되는 건가?"

"그냥 찰스 핸디가 되는 거지."

아침에 일찍 일어나 맑은 정신으로 책 읽기를 시작하면서 다시금 의욕이 차오르기 시작했습니다. 마치 이대로 책만 읽으면 진짜 제 책을 쓸 수도 있고, 한 순간에 인생을 뒤집을 수 있을 것도 같았습니다. 진정제가 책 속의 스승들이 말씀하는 그런 삶을 향해 걸어가는 것 같았습니다. 그랬던 만큼 다시 회사로 돌아가는 것을 고려하기는커녕 번역 아르바이트가 들어오는 것도 전부 고사했습니다. 무조건 몰입해서 가장 빠른 시간 내에 일단 첫 책을 쓰자고 마음을 다졌습니다. 당시 제가 사로 잡혀 있던 주제는 '변화경영 실행'이었습니다.

스승님께선 살아생전 변화경영 사상가로서 이론의 기초를 만드셨습니다. 그래서 전 그 이론을 일상에 접목해서 어떻게 스승의 이론이 저처럼 평범한 사람들의 일생을 바꾸는지 이야기를 하고 싶었습니다. 그러므로 일단 저뿐 아니라 이 길을 걸어가는 사람들의 이야기를 모아 보는 것이 좋을 것 같았습니다. 변경연 소식지에 대한 아이디어는 이렇게 떠올랐습니다.

몇몇 선배들에게 이야기를 꺼냈습니다. 열에 들떠 있던 저는 선배들도 당연히 맞장구를 쳐줄 거라 기대했습니다. 그런데 선배들이 입을 모아 하는 말이 '안 된다'였습니다. 이유인즉, 대개 유료 소식지나 잡지는 비즈니스 모델이 광고 수익에 의존해야 하는데 그러기엔 변화경영이란 테마만으로는 시장이 작다는 얘기였습니다. 반대로 무료로 소식지를 만들면 글 쓰는 이들도 만드는 이들도 모두 재능 기부 형식으로 참가해야 하는데 그런 상태로는 오래 지속하기 어렵다는 의견이었습니다.

지금 생각하면 너무도 당연한 의견이고 충고였습니다. 그런데 나름 비즈니스를 공부하고 한때는 컨설턴트로 일했던 저로서는 이 정도 고민도 하지 않은 게 이상하지만 선배들의 충고에 바로 정신을 차리지 못한 건 더욱 이상합니다.

평상시는 그토록 이성적이라고 자부하던 제가 선배들의 조언에도 꿈쩍하지 않았습니다. 아니 포기가 되지 않았다는 표현이 더 맞을 것 같았습니다. 그 일은 제 개인적인 관심사이기도 했지만 일단 생각을 꺼내놓고 보니 연구소에도 꼭 필요한 일이라는 사명감마저 불타기 시작했습니다. 물론 유료야 제가 생각해도 어려울 것 같으니 그럼 무료로라도 시작해보자 결심했습니다.

글을 쓸 사람을 모으기 시작했습니다. 스승님께도 글을 써주십사 여쭙고 몇몇 선배들에게도 부탁했습니다. 그런데 아무도 거절하지 않았습니다. 거절은커녕 스승님께선 단군의 후예 때와 마찬가지로 아주 좋은 생각이라며 흔쾌히 받아주셨습니다. 기왕 하는 거 창간 날짜를 정하고 제대로 해보라는 말씀과 함께. 그때는 잘 몰랐는데 지금 생각하면 스승님도 선배들도 참으로 고마운 분들이 아닐 수 없습니다. 사실 개인적으로 아무런 득이 되지 않는 그 일을 그저 누군가 열정을 갖고 해보겠다고 하면 가능한 모든 이들이 나서서 도움을 주려는 곳이 바로 변경연이었고, 그게 저희들이 변경연을 가장 그리워하는 수많은 이유들 중 하나인 것 같습니다.

그렇게 얼떨결에 변경연 소식지의 닻이 올랐습니다. 그런데 막상 소식지를 만들려고 하니 가장 큰 난제가 바로 편집과 표지 디자인이었습니다. 원고야 워낙 프로 글쟁이 분들이 많은 곳이니 걱정할 일이 아니었지만 편집과 디자인은 난감했습니다. 저희가 보유한 인력풀을 보아도 마땅한 사람이 없었습니다. 아무리 정식 잡지가 아니라 온라인 소식지라고 하지만 잡지의 꽃은 편집과 표지 디자인이라는 건 예전 상공

회의소 일을 통해 누구보다 잘 알고 있었죠. 확실히 그때의 저는 합리적 사고와는 거리가 멀어도 한참 멀었던 것 같습니다. 그런 와중에 공표한 창간일은 성큼성큼 다가오고 있었고, 제 속은 타들어 가기 시작합니다.

그런데 바로 그때, 하늘에서 멋진 동아줄을 내려주셨습니다! 바로 변경연 자칭 최고 까칠이 창 선배가 도움의 손길을 내밀어주었습니다! 창 선배는 모 신문사 프로 편집인이었는데 전 정말이지 감히 기대하지 못했습니다. 그런데 바로 그 선배가 승낙을 해주었습니다. 브라보! 그래서 내친 김에 이제 막 회사를 만들고 눈코 뜰 새 없이 바쁜 연구원 동기 철이에게 표지 디자인을 안겨버렸습니다. 철이는 브랜딩 홍보 쪽으로 국가에서 상도 받은 엄청난 프로였습니다. 지금 생각하면 창 선배도 그렇고 철이에게도 어떻게 그렇게 막무가내로 들이댈 수 있었는지 너무 미안해서 이 글이 잘 쓰여지지가 않습니다. 그렇게 모든 분들의 도움으로 탄생한 변경연 첫 소식지가 바로 〈Change 2010〉입니다. 그러고 보니 벌써 꽤 오래 전의 일이 되어버렸습니다.

〈Change 2010〉 창간호를 연구소 홈페이지에 올리던 날, 저희 모두는 북한산 밑 카페에 모여 자축 파티를 열었습니다. 비 오던 밤이었는데 카페를 통째로 빌려 저희끼리 모였습니다. 그 때는 그냥 기뻤던 것 같습니다. 함께 모여서, 함께 무언가를 이루는 것 자체가 기뻤던 순간이었지요. 저희는 그날 와인보다 창밖의 빗소리를 배경으로 사람들의 웃음소리에 취해서 행복을 만끽했습니다. 그 여운은 오래도록 잊히지가 않습니다.

그렇게 시작한 소식지는 1년 가까이 진행되었습니다. 그러면서 차츰 선배들이 해주었던 충고들이 현실적으로 얼마나 귀한 말씀이었는지 깨달았습니다. 그때까지도 많은 분들이 묵묵히 도움을 주고 계셨기에 제가 마침표 찍기 작업을 해야 한다고 생각했습니다. 지금 생각해도 주옥같은 글을 주신 스승님과 선배님들, 너무 너무 감사했습니다. 인터뷰에 응해주셨던 꿈벗 분들의 따뜻함도 잊지 않고 있습니다.

여러분께 편지를 쓰면서 제가 왜 그토록 무모한 일을 벌였을까, 다시 되짚어보았습니다. 그 당시 저는 1인 지식기업가 2년차의 충만한 의욕과, 연구소를 위한 사명감이 합쳐진 치기 어린 열정으로 똘똘 뭉쳐 있었습니다. 그런데 아주 오랜 시간이 지나 다시 되돌아보니 그 시절 저는 무조건 일이 필요했습니다. 학교를 마친 뒤 어느 순간부터 일은 제게서 뗄래야 뗄 수 없는 존재 이유가 되어버렸죠. 명함 없는 삶은 참으로 받아들이기 어려웠던 것 같습니다. 그때까지 전 1인 지식기업가로 전향은 했으되, 딱히 내세울 일은 없는 상태로 내심 꾸역꾸역 올라오는 불안감과 의구심을 그렇게라도 눌러야 했던 것 같습니다.

변경연 소식지 프로젝트를 진행하며 저는 1인 지식기업가에게 가장 중요한 덕목 한 가지를 깨달았습니다. 바로 1인 기업가로 전환하기 위해선 현실과 이상 사이에 디딤돌이 필요하다는 사실이었습니다. 대개 1인 지식기업가를 꿈꾸는 사람들은 저처럼 아예 회사를 그만두고 올인하다 얼마 견디지 못하고 포기하거나 반대로 회사에 가능한 한 오래 머무르면서 시기를 놓쳐버립니다. 둘 다 결국은 현실에서 1인 지식기업가로 변환에 성공하지 못합니다.

따라서 1인 지식기업가로 성공리에 전환하기 위해선 무엇보다 내가 좋아하는 일로 밥을 벌 수 있을 때까지 내가 버틸 수 있는 치밀한 전략이 필요하다는 것을 그때 처음으로 실감하기 시작했습니다. 마냥 꿈에 취해 어쩌다 한 번씩 불쑥불쑥 올라오는 불안이나 의구심을 모른 척하며 달려왔던 저로서는 회사를 뛰쳐나와 비로소 처음 현실과 맞부딪힌 순간이었습니다. 그렇게 문득 꿈에서 깨자 왈칵 두려움이 몰려왔습니다. "괜히 나왔나?" 첫 번째로 든 생각이었습니다. "이제 어쩌지? 돌아가는 건 좀 그런데." 갑자기 모든 것이 혼란해지려는 바로 그 순간, 하늘에서 도움의 손길을 내려주셨습니다. 바로 스승님께서 연구원들과 공저 프로젝트를 발주하셨습니다.

하루는 스승님께서 사자와 호랑이라는 이름으로 2개의 공저 프로젝트를 진행할 테니 관심 있는 연구원들은 지원하라고 발표하셨습니다. 1인 지식기업가로 전향 후 처음으로 현실의 무게를 인식하며 자칫 길을 잃고 헤맬 뻔하던 저로서는 살았다 싶은 안도의 한숨을 내쉬며 2개 프로젝트 모두에 지원했습니다. 그러나 2권의 공동 저작 프로그램은 책이 되어 세상에 나오지 못했고, 그 과정을 통해 저는 좌절과 배움을 얻었습니다.

스승님과의 공저

　스승님께서 발주하신 공저는 사자와 호랑이 2가지 프로젝트였습니다. 사자는 1인 기업가들이 어떻게 성공적으로 협업할 수 있을지에 대한 책이었고, 호랑이는 1인 지식기업가들의 개인 마케팅 책이었습니다. 당시 스승님께서는 화이트칼라 중산층은 시간이 갈수록 설 자리를 잃을 것이기 때문에 이 두 가지 프로젝트는 시대를 준비하는 책이 될 거라 하셨습니다. 말씀만으로도 가슴이 벅차오르며 이 길만 따라 걸으면 그대로 1인 지식기업가가 될 수 있을 것 같았습니다.

　지원자가 많았습니다. 어찌 보면 너무도 당연한 일입니다. 당대 베스트셀러 작가인 스승님께서 발주하신 공저인데 그 분이 진행하는 연구원 과정을 수료한 연구원들로서는 너무도 좋은 기회가 아닐 수 없습니다. 결국 호랑이 프로젝트는 11명의 지원자가 몰렸습니다. 전 기뻤던 만큼 우려되었습니다.

'설마 스승님께서 11명 모두를 다 받아주시지는 않을 텐데. 그럼 어떻게 선별하실까? 떨어지면 어쩌지?'

지원 후 스승님이 최종 명단을 발표할 때까지, 전 마치 연구원 발표 때만큼이나 떨리는 마음으로 기다리고 있었습니다. 분명 11명이란 숫자는 공저를 진행하기엔 많아도 너무 많은 숫자입니다. 누군가는 배제되어야 할 게 분명했지요.

그런데 스승님께선 다 모이라고 하십니다! 그 말씀을 듣는 순간 저는 일단 '떨어지지 않아서 다행이다'라는 생각과 함께 의아함이 솟구쳤습니다.

'11명 다 모이라고? 이게 가능한 일일까? 이렇게 많은 인원이 모여 공저를 진행한다는 것이 과연 가능할까?'

사람의 마음은 참 간사합니다. 제가 떨어지지 않은 건 좋지만 그 느낌은 찰나이고 곧바로 너무 많은 인원 때문에 염려되었습니다. 킥오프 미팅에 참석하러 가는 제 발걸음은 어딘가 꼬여 있었습니다.

이윽고 스승님께서 공저자들을 모아놓고 오프닝 발표를 하십니다. 시대적 흐름으로 시작해서 이 프로젝트의 의의까지 스승님의 말씀은 죽 이어집니다. 평상시 같으면 귀를 쫑긋 세우고 눈을 빛내며 한마디도 놓치지 않으려고 열심히 필기까지 했을 텐데 그날만큼은 한 말씀도 마음에 와 닿지 않습니다. 제 마음은 오로지 공저 진행이 가능할까 그 생각에만 빠져 있었습니다. 그때, 스승님 말씀 중 한 문장이 진공을 뚫고 소리가 되어 들려옵니다.

"우린 충분히 헤맬 것이다. 사공이 많으니 배를 몰아 산으로도 가보고, 낯선 육지도 탐험해 볼 것이다. 왜냐하면 처음부터 우리가 도달해야 한다고 정해 놓은 바다는 없기 때문이다. 우리가 하나 되어 다양한 모험을 맛본 뒤, 우리만의 바다를 만들 것이기 때문이다. 어쩌면 중도에 낙오자가 생길지도 모르겠다. 그러나 그 또한 좋다고 생각한다. 그에게도 남은 이들에게도 함께했던 여정만큼은 여전히 충분히 의미 있고 배움이 있을 것이다. 그러므로 이 프로젝트에 데드라인은 없다. 오직 배움만이 있고, 그 배움을 하나의 책으로 엮어 세상에 내놓는다."

'…….'

도대체 무슨 말을 할 수 있을까요. 제가 과연 이 분의 제자가 맞는지, 아니 될 자격이 있는지 그저 부끄럽기만 했습니다. 스승님께선 참으로 큰 나무구나라는 생각이 들 뿐이었습니다.

그 말씀을 듣고서야 비로소 함께 모인 10명의 연구원들이 또 다른 제가 되어 다가왔습니다. 1인 지식기업가란 개별적으로 마케팅 활동을 할 수 있을지는 몰라도 절대 혼자 갈 수는 없는 존재라는 걸 깨달은 순간이기도 했던 것 같습니다. 물론 홀로서기와 협업 사이의 균형은 이후 오랜 시간 저를 고민하게 만든 요소 중의 하나지만 아마 협업을 놓아서는 안 된다는 건 그때 각인되었던 것 같습니다. 호랑이 프로젝트의 기억 덕분에, 조금 늦게 출발한 사자 프로젝트에서는 킥오프부터 임하는 제 마음이 달랐습니다.

이윽고 프로젝트가 시작되고 스승님 말씀처럼 저희는 엄청 헤매기 시작했습니다. 모든 것에 질문이 허용되고 모든 토론이 가능했던 만큼 저희는 간단한 정의를 놓고도 서로 다른 의견으로 평행선을 달리기 시작했습니다. 상식적으로 다 안다고 믿었던 개념마저도 각양각색이었습니다. 우리는 스승님 말씀을 따라 우리가 지니고 있던 관념의 파편적 정의들을 꺼내놓고 하나씩 도전하기 시작했습니다.

배는 정말 산으로 가기도 하고, 낯선 육지로 가기도 합니다. 이뿐 아니라 때론 어느 강가에 처박혀 움직이지 못한 적도 있습니다. 심지어는 배가 고장 나서 개울가에 오래 머물기도 합니다. 하나둘씩 지쳐갔습니다. 처음엔 한 명이 지치면 다른 이가 손길을 내밀며 일으켜 세웠지만 시간이 흐를수록 자기 자리를 지키는 일도 벅차기 시작했습니다. 이 즈음 배를 떠나는 사람이 생겼습니다. 1인 지식기업가들의 협업에서, 탈진한 사람을 도와줄 여분의 에너지가 없으면 결국 지친 사람부터 자리를 이탈하게 된다는 것을 깨달은 것도 이 프로젝트를 진행하는 동안이었습니다. 더불어 바닥에 털썩 주저앉는 게 오늘은 너일 수 있지만 내일은 나일 수도 있다는 사실을 알게 되며 우린 서로에게 겸손해야 한다는 것도 깨달았습니다. 개인 마케팅 책을 진행하며 협업에 대해 더 진하게 배운 시간들이었습니다.

그리하여 호랑이 프로젝트는 스승님 작고하실 때까지 수년에 걸쳐 겨우 초고를 완성했을 뿐이고, 이때 멤버는 고작 6명에 불과했습니다. 스승님 살아생전 호랑이 프로젝트 마지막 모임이 있던 날, 저희는 각자 맡은 챕터를 완성한 초고를 들고 모였습니다. 초고는 수년에 걸쳐 뜻을 맞춰온 작품으로 보기에는 헤맴의 흔적이 너무 강했습니다. 누군가 깃대를 메고 하나로 통합하는 일이 필요하다는 사실을 모두가 인정했습니다. 문제는 누가 이 짐을 짊어져야 할지 답을 찾기 힘들다는 점이었지요. 그 무렵 우리는 모두가 숨을 헐떡이고 있었고, 합본은 결국 또 다른 책 한 권 쓰는 것과 맞먹는 작업임을 아는 저희들은 누구도 쉽게 자원하지 못하고 있었습니다. 저 역시 손을 들어야 한다는 도리와 절대 그럴 수 없다는 현실 앞에서 고개를 떨구고만 있었습니다.

호랑이 프로젝트가 시작된 지 3년이 된 그때가 저로서는 1인 지식기업가로 전향한 지 4년차 되는 해였습니다. 그해 저는 그토록 기다리던 첫 책을 구상하여 집필을 하고 있었기에 달리 시간을 낼 수 없다고 생각하고 있었습니다. 작년까지는 쓰고 싶어도 쓸 수 없었는데, 올해가 되면서야 겨우 이야기가 쏟아져 나오기 시작한 상황이었습니다. 글문이 막 트인 저로서는 제 첫 책을 연기하고 호랑이 책을 집필하는 게 정말이지 싫었습니다.

'3년이야, 3년. 그만하면 나도 할 만큼 했어. 이제 진짜 더는 못하겠어. 근데 스승님께서 실망하시면 어쩌지? 그건 싫은데. 그래도 못 해. 이제 더는 진짜 못하겠어.'

다들 스승님과 시선은 피합니다. 원고 담당들 간에 서로 맡으라는 눈

짓만 오갑니다. 어색한 침묵이 흐릅니다. 바로 그 순간, 스승님께서 자리에서 벌떡 일어나시더니 딱 한마디를 던지십니다.

"못난 놈들."

화들짝 놀라 고개를 들어보니 벌써 저만큼 나가십니다. 뒷모습에서 꾸지람이 뚝뚝 떨어집니다. 4년 동안 처음 뵙는 무서운 모습이었습니다.

한동안 머리는 멍 하고 심장은 뻥 뚫렸습니다. 그러면서 드는 생각이 '지난 4년간 백수로 지내다 올해 겨우 첫 책을 집필 중인 걸 아시면서 왜 야단을 치시지?' 하는 원망이었습니다. 인간은 절체절명의 순간일수록 본능적으로 자기방어를 하는 존재라는 걸 그때 다시 한 번 깨닫게 되었습니다.

다음날 일정이 마음에 걸렸습니다. 명일은 제가 좋아하는 선배의 첫 책 출판기념일이었습니다. 좋아하는 선배였던 만큼 이미 가겠다고 약속도 했고 가서 축하해주고 싶은데 당연히 스승님도 오십니다. 스승님을 어찌 뵈어야 할까요?

선배가 밝은 조명 아래 예쁜 꽃다발을 들고 환히 웃습니다. 한쪽 구석에 쭈그리고 앉아 있는 저와는 너무도 대비되는 밝음입니다. 그러면서 첫 책을 내기까지 힘들었던 순간들을 이야기하는데 제겐 현재 진행형인 그 시간들이 선배에겐 이미 과거형이 되어 있습니다. 이윽고 스승님의 격려 말씀이 있는데 제겐 말씀 하나하나가 회초리처럼 느껴집니다. 오실 때부터 지금까지 제겐 시선 한 번 주지 않는 스승님께 어떻게든 가시기 전에 죄송하다 말씀드려야 할 것 같아 입안이 타들어갑니다.

이윽고 기념회가 끝나고 사람들이 뒤풀이를 가기 위해 엘리베이터로 우르르 몰려가는 끝자락에서 스승님께 쭈뼛쭈뼛 다가섰는데 영 말이 나오지가 않습니다.

"죄송합니다……"

간신히 한 말씀을 꺼내는데 눈물이 먼저 터집니다. 우리 모두 평상시에 참 많은 말을 하며 살고 있습니다. 그런데 정작 말이 꼭 필요한 순간에 한마디 말이 소리가 되어 나오는 것이 얼마나 어려운지요. 그러자 제 어려움을 잘 알고 계셨던 스승님께선 딱 한 말씀을 주셨습니다.

"오냐."

휴, 천만다행으로 저의 비겁함을 용서해주셨습니다. 스승님은, 엄하지만 자상한 큰 나무로 돌아와주셨습니다.

그렇게 스승님과 연구원 선후배, 동기들과 함께했던 호랑이와 사자 프로젝트는 수년을 끌었지만 결국 책이 되어 나오지 못했습니다. 스승님 작고하신 후 어떻게든 살려보려고 출판사에 연락했지만 돌아오는 답은 완성도 부족이었습니다. 출판사 답을 듣고 지난 3년을 다시 곱씹어보았습니다. 우선 배운 점이 무엇이었을까를 생각해보니 책 쓰기와 협업 두 가지였습니다. 그 때는 참 힘들었던 시간이었는데 돌아보니 제가 엉성하지만 계속 책을 쓸 수 있는 기반은 그 3년 동안 배우고 다진 것 같습니다. 스승님께선 책을 쓰실 때 어떻게 기획하고, 기획한 것을 어찌 구성하는지 그리고 그것을 책으로 만들기 위해선 어찌 공부하고, 공부한 것을 현실에 어찌 접목시키는지를 배우고 체화하는 시간이었습니다. 이뿐 아니라 협업에 대한 프로젝트였던 사자는 물론 개인 마케팅 프로젝트였던 호랑이를 통해 1인 기업가들 간의 협업에 대해 수년간 살아 있는 경험을 할 수 있었습니다. 연구원 1년에 이은 공저 프로젝트 3년이야말로 지금까지 제가 10년차 1인 지식기업가로 걷게 해주는 가장 단단한 뿌리가 되었죠.

반면 그럼에도 우리가 왜 책을 세상에 내놓지 못했는지에 대해서도 치열히 반성해보았습니다. 배움은 각자 몫이지만 그래도 결과물을 내지 못한 건 지금도 아쉽기 때문입니다. 제가 내린 결론은 우리의 바다를 만들어가는 것은 맞지만, 그러기 위해선 바다를 향한 마음을 더욱 하나로 만들어야 한다는 사실입니다. 저는 그때 얻은 교훈을 토대로 1인 회사 연구원들과 3권의 공저를 출간했습니다. 하지만 출간에 방점을 두었더니 뒤돌아 아쉬운 점이 또 남습니다. 현재 네 번째 공저를 진행하는 이유입니다. 저와 1인 회사 연구소 연구원들은 언젠가 진정 저희만의 멋진 바다를 만들 때까지 각자 배우고 함께 이루려고 합니다.

이 모든 과정의 시작은 스승님과 함께했던 미완의 호랑이 프로젝트였음을 잘 알고 있습니다. 그러므로 이 세상 그 어떤 일도 실험은 있으되 실패는 없습니다. 모든 일은 과정이고, 과정 없이 결과도 없기 때문입니다. 그러니 여러분 또한 오늘 실패라는 이름의 '성공을 향한 실험'을 해보시면 어떨까요. 실패의 여정은 참 쌉싸름합니다. 때론 너무 시큼해서 눈물을 쏙 빼고 싶지만 그런 과정들이 모여 결국 '진짜 내 것'을 만들게 되는 것 같습니다.

혼란의 와중에서 가능성을 엿보기는 정말 어렵지만 창조성은 혼란에서 태어난다.

: 찰스 핸디 :

소득이 없던 날들

세계적인 신화학자 조셉 캠벨이 비교종교학으로 박사학위를 취득했을 때 그를 기다리고 있던 건 화려한 대학 강단이 아닌 30년대 미국 대공황이었습니다. 졸지에 몸담을 곳 없는 고학력 백수가 된 셈이죠.

캠벨은 우드스톡이란 작은 숲으로 들어가 오두막을 짓고 최소한의 경비로 살면서 동서고금 모든 신화를 탐구하기 시작합니다. 몇 년의 시간이 흘러 대공황이 끝나고 다시 세상에 나온 캠벨은 세계적인 신화학자로 변모해 있었습니다. 그리고 그가 이 기간 발견한 인류 공통의 신화가 바로 평범한 한 사람이 '입문─심연통과─재탄생'을 거치며 비범한 사람으로 자기성장을 이룬다는 영웅여정입니다. 이후 캠벨의 영웅여정은 수많은 할리우드 시나리오 작가나 감독들이 애용하는 가장 강력하고 매혹적인 스토리텔링의 기본 구조가 되기도 합니다.

저 또한 연구원 시절 가장 처음 만났던 그의 대표작 〈신화의 힘〉은 충격의 연속이었습니다. 그의 말에 의하면 전 그때까지 사회가 요구하는 허상을 부여잡고 놓치지 않으려고 발버둥친 것과 다를 바 없었습니다. 그러나 그렇게 살아온 저도, 그가 말하는 영웅여정을 거치면 지금까지 모든 사람들이 그러했듯이 자기다움의 삶을 만들어 낼 수 있다는 말 앞에선 가슴이 뛰기도 하였습니다. 그러므로 회사를 나오며 저 또한 캠벨처럼 몇 년간 저만의 우드스톡에서 기거하며 새로운 사람으로 다시 태어나겠다고 결심한 건 너무도 당연한 일이었던 것 같습니다.

그래서였던 것 같습니다. 캠벨의 우드스톡을 로망으로 품고 있던 저는 1인 지식기업가 3년차로 접어들면서도 돈에 대해서는 그다지 신경 쓰지 않았습니다. 퇴사를 하며 현금화할 수 있었던 모든 걸 정리해서 통장 하나에 몰아넣었습니다. 그런 후 회사를 다니지 않으니 지출은 저절로 줄 거라 믿고 저 역시 캠벨처럼 책에만 코 박고 열심히 공부만 하면 어느 날 짠 하고 삶이 달라질 거라는 막연한 기대를 품고 살았죠. 그 덕분에 스스로는 1인 지식기업가 3년차라고 자부했지만 현실적으론 백수 3년차가 되는 해에도 저는 외출만 하면 어김없이 별 다방이나 콩 다방에 들려 우아하게 라떼를 마셨습니다.

사실 회사를 다닐 때는 출근 전 한 잔, 점심 먹고 한 잔은 기본이었습니다. 따사로운 봄날 늦은 오후 나른해지기라도 하면 오후에도 한 잔,

야근이라도 있는 날에는 정신 차리려고 또 한 잔. 이렇듯 카페를 들락거리는 건 제 일상의 기본 루틴이었습니다. 지겨운 회사 생활이었지만 카페의 향긋한 커피 향과 분위기를 누리면 마치 제가 꽤 괜찮은 일을 하는 것 같은 착각에 취했던 것 같습니다. 그랬던 전력이 있는 만큼 회사를 그만둔 후에도 외출만 하면 카페를 들렀습니다. 그 멋스러운 장소에서 우아한 향기에 취하면 제가 아직 살아 있는 느낌을 받았습니다.

그러던 어느 날, 백수 3년차가 되며 슬슬 돈에 대한 압박감이 들기 시작하며 무심코 카드 명세서를 펼쳐 보다 깜짝 놀랐습니다. 카페에서만 쓴 돈이 10만 원 가까이 됩니다! 카페 다음으로 눈에 많이 띄는 목록은 택시였습니다. 대충 계산해 봐도 그 또한 10만 원 수준이었습니다. 띵! 하고 무언가로 한 대 맞은 기분이었습니다. 분명 제 소비패턴은 백수라고 하기에는 문제가 컸습니다. 그런데 정말 문제는 왜 3년차가 될 때까지 그걸 문제라고 인식하지 못했을까 하는 것이었죠.

'왜 그랬지? 내가 왜 이렇게 살았지? 미쳤나?'

낭패감이 들었습니다. 그 자리에 털썩 주저앉아 곰곰 생각해보니 카페는, 그마저 끊으면 제가 너무 초라할 것 같은 느낌이었습니다. 한편 택시비는 회사 다닐 때 경비 처리하던 것이 습관이 되어 회사를 그만두고도 편리함의 유혹에서 벗어나지 못했습니다. 어느 쪽이든 전 아직도 '회사원 마인드'였습니다. 그날 저는, 내친 김에 차일피일 미루던 통장 잔액을 확인하고 아연실색하고 말았습니다. 통장 잔고는 늘 예상치보다 낮다는 만고의 진리를 깨닫는 순간이었죠.

'이상하다. 언제 이렇게 줄었지? 이만큼 쓴 것 같지는 않은데. 옷도 안 사고, 사치품도 전혀 산 적이 없는데 왜 이거밖에 없지?'

네, 그랬습니다. 저는 퇴사하던 날 옷장에 축 늘어진 정장들을 보며 패잔병 갑옷을 보는 기분이 들었습니다. 프리랜서가 되면 다 소용없을 그 옷들을 사느라 그토록 아침, 저녁 종종거리며 살았나 싶은 생각에 허탈감이 밀려왔습니다. 두 번 다시 그렇게 무모하게 돈을 쓰진 않겠다고 결심했고 그날 이후로는 옷과 장신구 혹은 기타 사치품에는 돈을 쓰지 않았습니다. 그런 다짐이 있었기에 지출이 줄어들 것이라고 생각했고 그 믿음 덕분에 통장 잔액도 자주 확인하지 않았습니다. 어쩌면 줄어드는 잔고가 보기 싫어 일부러 하지 않은 것인지도 모릅니다.

돌이켜보면 2년차 가을쯤부터 돈 걱정이 되기 시작했습니다. 하지만 제 앞에 놓인 유일한 돈벌이는 번역 아르바이트뿐이어서 저는 불쑥불쑥 올라오는 걱정을 외면했습니다. 제 입장에선 아르바이트이지만 일단 번역을 시작하면 그것이 비즈니스 번역이든 단행본이든 전부 데드라인에 맞춰야 합니다. 그리고 한국 사회에서 번역가들은 을도 아닌 병 정도의 위치에 있기 때문에 데드라인을 맞추려면 매일 10시간 이상 꼼짝없이 번역 일에 매진해야 합니다. 그럼 당연히 일을 하는 동안은 제 시간을 거의 뺄 수가 없습니다. 그런데 그렇게 일하고 받는 번역비가 회사 다닐 때 연봉하고 비교하면 턱없이 작습니다. 그러므로 가성비 떨어지는 아르바이트의 덫에는 빠지고 싶지 않았습니다.

'진작 더 줄였어야 했는데…… 진작 살펴볼 걸…… 어떡하지?'

늘 문제를 회피하다 일을 더 크게 만든다는 것을 알면서도 피할 수 있을 때까지 피하고 싶은 것, 그 또한 사람의 심리가 아닐까 싶습니다.

어쩔 수 없이 출판사 아는 지인에게 전화를 드려 일감을 부탁드렸습니다. 이때 받은 일감이 제가 기획에 참여했던 찰스 핸디의 〈신세대 기부자〉라는 단행본 번역입니다. 그나마 제가 좋아하는 작가 책이어서 감사하다는 생각으로 임했지만 역시 번역은 노동 강도가 만만치 않습니다. 온종일 번역 후 자기 직전 한 시간 정도 읽는 책이 어떤 날은 시원한 오아시스 같기도 하고, 또 어떤 날은 머리가 윙윙거려 억지로 집어넣는 의무가 되기도 했습니다. 그래도 책 읽기를 멈춘 날은 없었습니다. 그렇게 바짝 매달려 몇 달 일을 하고 퇴사 후 처음으로 목돈이 통장에 꽂히던 날 저는 말할 수 없이 뿌듯했습니다. 연봉에 비하면 턱없이 작은 금액이었지만 마치 그때까지 처음 만져보는 목돈처럼 느껴졌습니다. 모처럼 일에서도 풀려 나 시간적 자유가 생겼기에 세상으로 뛰쳐나가 자본주의 사회에 동참하고 싶은 마음이 마구 올라옵니다. 그런데 바로 그 순간 두 가지 목소리가 마음속에서 투닥투닥 치고받습니다.

'너 번역 계속 할 거야?'

"아니. 다신 안 해. 아르바이트 하면 도무지 1인 기업가 준비를 할 수가 없잖아!"

'근데 왜 뛰쳐나가려고 해?'

"지난 몇 달 얼마나 고생했는데! 밖에 나가서 바람도 쐬고 먹고 싶은 것도 먹고, 사고 싶은 것도 사고 그래야지! 나도 사람인데!"

'어이구! 돈 한번 받았다고 그렇게 후딱 써 치우면 잘도 남아나겠다. 그럼 그 돈으로 얼마나 버티겠어. 한번 식겁했으면 정신 차려야지. 정신!'

그렇습니다. 지속적으로 아르바이트에 매여 살 것이 아니라면 정신을 차려야 했습니다. 지난 몇 달과 바꿔 간신히 얼마간의 목돈을 손에 넣었는데 예전처럼 써서는 안 될 일이었습니다. 뛰쳐나가고 싶어 들썩이는 몸과 마음을 다잡아 앉혀 놓고, 카드 명세서를 펼쳐서 지출 목록을 분야별로 정리해보았습니다. 예전에 회사 다닐 때는 다음처럼 우선순위를 정해 지출 항목을 만들었습니다.

필수 경비 / 사회적 경비 / 미래를 위한 투자 / 욕망 경비

회사를 나온 뒤 지난 3년을 살펴보니 필수 경비 액수는 비슷했습니다. 경조사 비용 등 사회생활을 위해 필요한 사회적 경비는 회사 관련은 줄었지만 연구소 활동이 새로 늘어나 마이너스, 플러스 같은 수준입니다. 미래를 위한 투자비 또한 책이며 강의 등을 듣는다고 전혀 줄지 않았습니다. 다만 한 가지, 욕망 경비 중 이전 회사 다닐 때 크게 차지했던 옷이나 기타 사치품은 제로 수준으로 줄었습니다. 욕망 경비 항목은, 객관적 데이터 없이 이것만 줄이면 씀씀이가 확 줄어들 거라

여기는 유일한 항목이었습니다. 사치품을 줄이면 커피나 택시비 등 소소한 지출은 괜찮겠지 싶었죠. 그런데 대신 한 방에 크게 들어가는 여행경비가 있었습니다! 회사 다닐 땐 시간이 없었습니다. 그런데 여유가 생겨 떠난 여행은 단번에 몇 달치 사치품을 능가했습니다. 결론적으로 제 지출은 회사 다닐 때와 비교하면, 막연히 줄 거라는 기대치와 달리 실제로는 전혀 줄지 않았습니다. 낭패도 이런 낭패가 없었습니다.

'안 되겠다. 정신 바짝 차려야지. 이러다 정말 큰일 나겠다.'

3년차에 접어들며 처음으로 현실을 직시했습니다. 늦어도 한참 늦었지만 이제라도 다음처럼 지출을 최대한 가볍게 만들며 비로소 저만의 우드스톡을 시작하였습니다.

최소생존경비 / 미래를 위한 투자

간단히 말하면 그저 '밥만 먹고 책만 읽자'라고 비장한 각오를 한 셈입니다. 지식콘텐츠 생산자로 1인 지식기업가가 되려던 저는 책까지 포기할 수는 없었습니다. 책은 필사를 위해 밑줄을 그어야 하고, 중요한 부분은 접기도 해야 하고, 무엇보다 글을 쓰려면 나중에 다시 들춰보기도 해야 해서 빌려 보기는 불가능했습니다. 더불어 글쟁이로 살아가려는 사람으로서 책은 제 미래를 위해 가장 중요한 양식이었습니다. 어떻게 해서라도 책 사기는 유지하자 다짐했습니다. 더불어 꼭 필요한 교육은 하되 이리저리 휩쓸리지 말고 반드시 제가 가려는 1인 지식기업가의 길과 연관된 것에 한해서만 하기로 하였습니다.

아무쪼록 그렇게 지출을 단순화시키고 다시 계산해보니 통장 잔액만으로도 버틸 수 있는 기간이 꽤 늘었습니다. 수입을 늘릴 수 없을 때는 지출이라도 확 줄이는 것이 버티기에는 큰 도움이 된다는 사실을 숫자로 확인하는 순간이었습니다. 그런데 한 가지 신기한 건, 그렇게 책에만 더 집중하기 시작하면서 저는 점차 억지로가 아니라 저절로 세상 허영으로부터 조금씩 멀어지기 시작했습니다. 그리고 그건 비단 물질뿐 아니라 관계에서도 마찬가지였습니다. 자본주의 사회를 살아오면서 좋고 편리한 점도 많았지만 제 일상과 심지어 사람들과의 관계에까지 거품이 많이 끼어 있었다는 것을 깨닫기 시작했습니다. 그리하여 일상이 조금씩 소박해질수록 제 삶과 관계가 조금씩 더 깊고 단단해진다는 것, 3년차에 깨달아 지금까지 이어져오는 가장 귀한 변화 중의 하나가 아닐까 싶습니다.

아무튼 그렇게 저는 3년차에 머니 벽에 부딪혀 잠시 어리둥절했으나, 1인 지식기업가의 길을 가려면 최소생존경비에 대한 전략을 잘 세워야 한다는 것을 깨달았습니다. 진작 이런 생각을 했더라면 회사 다닐 때부터 조금 더 계획적으로 할걸 하는 후회가 들었지만 이제나마 정신을 차린 게 그나마 다행이었다는 생각입니다. 그 후로 결국 번역 일은 안 했냐고요? 네, 그렇습니다. 대신 저는 제가 하고자 하는 일과 좀 더 연관된 일을 시작하였습니다. 그런데 그 일이 연구원 과정 끝나고 몰입해서 파고들어간 '인간탐구'에서부터 우연히 발생했습니다.

헤세를 붙잡고
나를 찾아 떠나기

누군가 고독의 길을 걷고 있다면 그건 운명이 그 사람을 자기 자신에게로
이끌고 있다는 증거다.

: 헤세 :

헤르만 헤세는 성장 소설의 대가로, 전 세계 독자들로부터 사랑 받는
독일 작가입니다. 저 역시 10대 시절 그의 출세작 〈데미안〉을 읽었지
만 당시에는 내용을 도저히 이해하지 못했습니다. 그저 '알에서 깨어
난다. 아브락사스.'라는 말의 강렬함에 사로잡혔을 뿐이었지요.

연구원 과정을 마치면서 그동안 공부한 모든 분야가 결국 '인간'이란 존재로 귀결된다는 생각에 좀 더 사람에 대한 공부를 파고 싶었습니다. 무엇보다 저 자신부터 더 알고 싶었던 것 같습니다. 그래서 10대때 처음 읽고, 20대 때 다시 읽어도 역시 이해하지 못했던 헤세의 〈데미안〉부터 집어 들었습니다. 아무래도 인간탐구를 시작하기에는 혼란의 수렁을 경험해본 작가의 작품이 좋을 것 같았기 때문이죠.

헤세는 신실한 기독교 집안에서 태어났습니다. 부모님은 그가 목사님이 되기를 소망했습니다. 하지만 그는 시인이 되고 싶어 했습니다. 그때나 지금이나 시인은 배고픈 직업이었고, 부모님의 반대로 그는 신학교에 진학합니다. 그는 학교생활에 적응하지 못하고 자살을 시도하기에 이르고 결국 학교를 그만두고 정신병원 신세를 지게 됩니다.

정신과 치료를 받으며 조금씩 회복한 헤세는 자신이 가야 할 길이 문학임을 확신합니다. 부모님의 집을 나온 그는, 허름한 책방에 점원으로 취직하며 홀로서기 첫 걸음을 내딛습니다. 그는 서점에서 일을 마치고 자신만의 작은 성에 돌아와 전 유럽의 문학 작품을 읽으며 세상을 다 가진 것처럼 행복을 느낍니다. 그 시절이 헤세를 독일의 대문호로 만든 축적의 시간이었던 셈입니다.

그러나 정신발작은 헤세를 쉽게 놓아주지 않았습니다. 헤세는 당대 유럽에서 명성을 떨치기 시작한 칼 융의 제자 요제프 랑 박사를 만나 본격적으로 내적 분석을 시작합니다. 그러던 어느 날 밤 무심코 이런 문장을 노트에 휘갈겨 씁니다.

"어느 술 취한 사람이 있었다. 그의 이름은 데미안이었다."

헤세는 뭔가에 정신이 홀린 사람처럼 한달음에 〈데미안〉을 써내려 갑니다. 그러니까 〈데미안〉은 헤세의 첫 자기분석 작품입니다.

〈데미안〉은 작가도 예상치 못할 만큼 세상의 주목을 받았습니다. 헤세는 단숨에 유명 작가의 반열에 오르게 되죠. 하지만 치열히 자기 탐구의 길에 접어든 헤세에게는 명성이 그다지 즐거운 일은 아니었습니다. 그는 더욱 내적 분석에 몰입합니다. 그리하여 자신의 영혼이 천 개로 분열되는 아픈 경험을 그린 〈황야의 이리〉, 분열된 자아가 양극을 달리다 하나로 통합되는 〈나르치스와 골드문트〉, 통합된 자아를 초월하는 〈싯다르타〉까지 연달아 발표하며 세계적인 거장의 반열에 오릅니다. 그리고 마침내 아이 같은 생명력을 회복한 작품 〈유리알 유희〉를 발표하여 노벨 문학상을 수상합니다. 헤세의 작품 세계는 조금 다르게 보면 그가 평생을 걸어온 치열한 자기분석의 여정이었습니다.

헤세의 모든 작품을 읽은 후 저는 융을 공부하기 시작했습니다. 헤세가 어떤 과정을 거쳐 자기분석의 길에 접어들었는지 궁금했기 때문입니다. 융을 알기 위해선 우선 프로이트에서 출발해야 했습니다. 무의식을 발견하며 현대 심리학을 개척한 프로이트는 무의식 세계를 억눌린 성욕으로 해석합니다. 이후 무의식의 정체를 둘러싼 세기적 논쟁이 벌어집니다. 첫 주자는 아들러였습니다. 그는 프로이트의 이론에 반발하여 무의식을 지배하는 것은 성욕이 아닌 권력욕이라고 주장합니다. 한편 칼 융은 무의식 세계란 하나의 개념으로 규정지을 수 있는 단일한 세계가 아님을 밝혀냅니다.

융에 의하면 인간의 무의식은 개인 무의식과 집단 무의식으로 나뉜다고 합니다. 개인 무의식 상층부에는 각 개인마다 발달하지 못한 상태로 억눌린 성향들이 잠재되어 있는데 융은 이를 그림자라고 부릅니다. 달리 표현하면 그림자란 누구나 갖고 있는 성격적인 아킬레스건을 뜻합니다. 흥미로운 건, 융에 의하면 하나의 개체가 완성을 향해 나아가려면 성숙하지 못한 채 그림자가 되어 사람들의 발목을 잡고 있는 성격별 아킬레스건을 살펴봐야 한다는 주장이었습니다. 이뿐 아니라 융은 한 개인이 지금까지와 달리 변화된 삶을 도모하기 위해서는 미처 발달하지 못하고 억눌려 있는 이 그림자를 밝은 빛의 세계로 통합할 때, 그때 비로소 한 사람의 삶이 변화되기 시작한다고 말합니다. 그러므로 미성숙한 그림자 세계를 들여다보고 풀어내는 일이야말로 한 사람의 일생을 변화시키고 확장시키는 중요한 열쇠라고 합니다.

> 우리는 진리를 찾고 신을 찾는 여행을 떠나기 전에, 행동하기 전에, 다른 사람과 관계를 맺기 전에 반드시 먼저 자기 자신을 이해해야 한다.
>
> : 크리슈나무르티 :

연구원 과정에서 그토록 치열하게 공부했지만 과정을 끝낸 후에도 눈앞을 가린 안개 속에 처박혀 있던 저로서는 참으로 답답한 시간을 보내고 있었습니다. 지금까지 공부를 통해 분명 답은 밖에 있는 것이 아니라 제 안에 있음을 알게 되었는데 여전히 그게 뭔지 알 수 없었습니다. 그러다 만난 융의 말은 제겐 미로를 빠져나가는 하나의 단초처럼 여겨졌습니다. 융의 말대로라면 제가 이 심연을 빠져나가 다시 세상과 연결되기 위해서는 제 안의 그림자를 들여다보아야 합니다. 그 그림자 안에는 아직 발달되지 않은 저만의 잠재력이 억눌려 있으니 그걸 개발하여 변화를 도모해야 합니다.

'근데 반대 아닌가? 흔히 장점을 강점화하라고들 하지 않나?'

그렇습니다. 미국에서 탄생한 경영학이나 자기계발론에서는 잘하는 일에 집중하라, 장점을 강점화하라고 말하는 경향이 있습니다. 현대 서구적 계발론에 익숙한 저로서는 미발달된 잠재력을 키우라는 게 과연 가능한 일인지 혼란스러웠습니다. 그러나 지난 연구원 시절 읽었던 인문고전들을 잠시 떠올려보니 한 개인이나 사회 혹은 국가들도 그때까지 한 번도 가지 않았던 길에 발을 들여놓음으로써 변화하고 성장했더군요. 그러니까 습관에 의해 살아오던 삶이 막다른 골목에 부딪쳐 더는 갈 곳이 없을 때, 그때가 바로 새로운 길, 새로운 잠재력을 도모할 때였습니다. 혁신은 분명 낯선 곳에 있었습니다.

'근데 어떻게 시작하지? 책만 보면서 혼자 하기에는 좀 어려울 것 같은데……'

헤세가 그랬던 것처럼, 저 역시 이 작업만큼은 누군가의 안내가 필요할 것 같았습니다. 지식을 쌓는 일이야 책만 있으면 되지만 자기분석은 아닌 것 같았습니다. 그래서 책이 아닌 현실에서 저를 분석하고 탐구할 수 있는 방법을 찾아 인터넷을 조사하기 시작했습니다. 수많은 심리유형 분석 프로그램들이 소개되어 있었지만 대개는 표면적인 유형 분석에 그치거나 반대로 상담 위주였습니다. 제가 찾는 자기분석 프로그램은 눈에 잘 띄지 않았습니다. 그러던 어느 날 '동양수행방편에 뿌리를 두고 서구 심리학 체계로 발전한 에니어그램'이란 문구가 눈에 들어왔습니다. 순간 '이거다!' 직감이 들었습니다.

눈을 크게 뜨고 살펴보았습니다.

에니어그램에선 사람은 누구나 고유한 기질을 갖고 있는데 이를 9가지 유형으로 구분하고 있습니다. 유형에 따라 각 개인은 자기 안에 억눌린 혹은 미발달된 유사한 요인들을 지니고 있는데 이 때문에 일과 관계에서 계속 발목이 잡힌다고 설명합니다. 그러므로 외적 삶을 변화시키기 위해선 우선 자기 안으로 들어가 억눌리거나 꼬여 있는 부분들을 풀어주는 것이 필요하다고 대안을 제시합니다. 융이 말하는 그림자와 상당히 비슷한 이야기였습니다.

당시 국내에 수입되어 있던 수많은 에니어그램 프로그램 가운데 가장 내면 깊이 다룰 것 같은 천주교 단체를 찾게 되었습니다. 그렇게 3년차부터 첫 책이 나오는 4년차까지 2년에 걸쳐 신부님, 목사님들과 함께 〈기본과정〉, 〈심화과정〉, 〈집중수련〉, 〈영적수련〉 및 〈지도자과정〉까지 모든 과정을 마스터하였습니다(그러나 원서를 통해 접했던 에니어그램과 비교, 어딘가 부족한 면을 채우기 위해 2015년부터는 유럽을 오가며 에니어그램 창시자인 나란죠 박사님의 워크숍을 수료하였습니다.).

그렇게 에니어그램을 공부하면서 저는 비로소 저라는 사람이 어째서 체제순응적인 성취주의로 살아왔는지 깨닫기 시작했습니다. 왜 조직에서 번번이 비슷한 유형의 상사들과 부딪혔는지, 왜 똑같은 특정 유형의 동료들을 견디기 어려웠는지도 알게 되었습니다. 그런가 하면, 인식하지 못했는데, 제가 늘 비슷한 패턴으로 연애를 해왔음을 알게 되었습니다. 더불어 이 모든 것들이 융의 표현을 빌자면 (어머니, 아버지로부터 영향받고 형성된) 집단 무의식이 (나의) 개인 무의식에 작용한 결과임을 깨달았습니다. 하지만 제가 정말 놀랐던 건, 저 자신을 깊이 들여다보면 볼수록 제 주변이 이해되기 시작한다는 사실이었습니다. 저는 그저 저 하나만을 깊이 파고들었을 뿐인데 그로부터 가족이 친구들이 그리고 연결되어 있는 많은 사람들이 점차 이해되고, 이해가 되니 조금씩 포용할 수 있게 되었습니다.

살면서 사람으로부터 상처받지 않는 사람은 지구상에 단 한 사람도 없을 것 같습니다. 그런데 그 상처를 치유할 수 있는 시작이 다름 아닌 '제 자신을 깊이 들여다보기'라는 것이 경이로웠습니다. 그러므로 그때까지 돌아보고 싶지 않았던 저의 지난날들이 새로운 의미로 재해석되며, 과거가 재해석되니 현재도 달리 볼 수 있게 되었습니다. 그리고 그렇게 현재를 달리 대할 수 있게 되니 비로소 융이 말한 것처럼 지금껏 한 번도 건드리지 않았던 제 안의 숨겨진 잠재력과 마주할 용기가 생겨나기 시작했습니다. 지난날 아무것도 몰라 그저 제 자신을 채찍질했던 것이 미안하고 마음이 아팠습니다. 내가 왜 이런지 모른 채 무조건 남탓만 하던 제가 부끄럽기도 했습니다. 나를 침몰시키고 낭떠러지에 몰아붙인 건 다른 누구도 아닌 바로 제 자신이었음을 깨달았습니다. 비로소 심연을 뚫고 수면 위로 다시 솟구치겠다는 용기가 차올랐습니다.

미래는 외부로부터 오는 것이 아니라 내부로부터 오는 것입니다.

: 신영복 :

변경연 과정을 통해 인문고전을 읽으며 저는 외부로만 향해 있던 레이더를 처음으로 제 안으로 돌려세웠습니다. 이어 에니어그램 공부를 하면서 의식의 깊은 바닥까지 내려가 자기탐색에 심혈을 기울였습니다. 그렇게 알게 된 저는 분명 이전의 제가 아니었습니다. 아니 저라는 사람 자체는 달라지지 않았지만 스스로를 바라보는 관점이 달라지자 저도 세상도 달리 보였습니다. 비로소 숨쉬기가 좀 편해졌습니다. 그러면서 다른 사람도 저처럼 이런 사실을 알게 된다면 훨씬 덜 힘들 텐데 하는 안타까움이 들었습니다.

바로 그거였습니다. '제가 맛본 이 편안함을 다른 이들과도 나누고 싶다'라는 마음이 저도 모르는 사이 제 안에 싹트기 시작했습니다. 그때부터 저는 억지로 무언가 결과물을 만들어내기 위해서가 아니라 그동안 제가 경험한 긍정적 삶의 변화를 하나로 뭉쳐내는 작업을 시작했습니다. 그러면서 다른 분들이 1인 지식기업가의 길로 전향했을 때 저처럼 심연에서 너무 오래 머무르지 않기 위해서는 전략적 로드맵이 필요하다는 결론에 도달했습니다.

전략적 로드맵,
주승천 전략

일본의 저명한 경영전략 전문가인 구스노키 켄 교수는 〈히스토리가 되는 스토리 경영〉에서 경영주들이 회사를 세울 때 가장 먼저 해야 할 일은 어떤 기업을 세우겠다는 확실한 콘셉트를 정하고, 그 콘셉트를 스토리로 고객에게 전달할 수 있어야 한다고 합니다. 대표적인 예로 그는 스타벅스를 들고 있습니다. 계속해서 켄 교수는 기업들이 지속적으로 성장하기 위해서는 각각의 콘셉트별로 차이를 만들어 융합하라고 제안합니다. 한마디로 '차이를 만들어 (스토리로) 연결하라.'입니다.

책을 덮은 뒤 저는 고민에 빠졌습니다. 1인 지식기업가로 전향한 지어느새 3년차에 접어든 저로서는 이대로 계속 책만 읽어도 되는 건지,

아니면 어렵더라도 번역 일을 병행하며 나아가야 하는 건지 그도 아니면 다른 일을 찾아봐야 하는 건지 마음이 심란했습니다. 여전히 새로운 분야에 도전해서 지식을 쌓아가는 일은 참으로 재미있고 좋았지만 3년째 이슬만 먹고 살다 보니 불안감이 늘어만 갔습니다. 이대로 버티기는 어려울 것 같았습니다.

그렇다고 다시 회사 일을 알아보자니 그 또한 여의치 않았습니다. 2년차까지만 해도 자존심 때문에 다시 돌아가고 싶지 않았지만 3년차가 되니 이젠 사측에서 받아줄 것 같지 않았습니다. 이제 그 문은 영영 다시 열릴 것 같지 않았습니다. 제게 남은 선택지는 번역 일밖에 없었지만 아무리 생각해도 번역은 시간을 잡아먹는 하마여서 동시에 다른 시도를 병행하기가 너무 어려울 것 같았습니다.

흔히 외국어를 좀 구사하는 사람들 중에는 '정 안되면 번역이라도 하지'라고 쉽게 생각하지만 사실 만만한 작업이 아닙니다. 전문 번역가가 되기 위해서는 모르는 단어를 찾거나 시대나 상황이 이해되지 않아 구글 신께 물어보는 시간이 거의 없어야 하는데 그러려면 자신만의 전문분야를 갖고 수년간 경력을 쌓아야 합니다. 그리고 이 정도 단계에 도달해야 시간 대비 수익이 그럭저럭 안정화됩니다. 물론 경제경영 단행본 몇 권을 번역한 경험이 있지만 전문 번역가가 되려면 수년을 투자해야 하기는 마찬가지였습니다. 그러므로 결국 앞에서 말씀드린 대로 저는 지출을 다시 점검하여 최소생존경비를 더욱 타이트하게 책정하고 조금 더 버텨보기로 결정했습니다.

그러던 어느 날, 에니어그램 지도자 과정을 마치고 돌아오는 길이었습니다. 집중수련을 통해 제 자신의 내면과 정면으로 마주하는 힘든 과정을 거치며 묵직한 돌덩어리 하나를 꺼낸 것 같은 저로서는 모처럼 편안한 마음으로 걷고 있었습니다. 에니어그램 초반부 강사님께서 말씀하신 말의 의미도 이 무렵부터는 체감하기 시작했습니다. 강사님은 '나에 대해 조금만 알아도 삶을 바라보는 시선에 여유가 생길 것'이라고 들려주었습니다. 사실 기본, 심화 과정까지는 아무래도 이론 학습에 치우쳐서 그다지 느낌을 받지 못했었는데 집중수련부터는 제 스스로 체감하기 시작했습니다. 그날도 그런 마음으로 길을 걷고 있었고, '다른 사람들도 자신에 대해 조금만 알게 돼도 훨씬 마음에 여유가 생길 텐데'라는 생각을 하던 차였습니다.

그런데 바로 그 순간, '연구원 과정과 에니어그램 과정을 접목시키면 어떨까?' 하는 생각이 들었습니다. '방향이 틀리면 속도는 아무 소용없다.'는 간디의 말처럼, 변경연 이전의 저는 제가 어디로 가고 있는지도 모른 채 무조건 달리기만 하였습니다. 그러다 연구원 과정을 하면서 저에 대해 처음으로 눈을 떴고, 인문고전을 통해 제가 살아가는 이 세상을 이해하기 시작했습니다. 그리고 에니어그램 과정을 통해 비로소 제 안 깊이 들어가며 제가 지금까지 어떤 렌즈로 세상을 봐왔는지, 그리하여 살면서 이해하지 못했던 수많은 어려움들이 해석의 문제였음을 깨달았습니다.

자기가 아닌 다른 어떤 것을 염원하거나 가장하는 것은 부질없는 일이다.

: 찰스 핸디 :

일단 생각이 여기까지 미치자 문득 켄 교수가 말했던 '콘셉트가 정해지면 차이를 만들어 연결하라'는 글귀가 떠올랐습니다. 그리고 자연스럽게 '기질에 맞는 천직 찾기'라는 단어가 제 머릿속에서 조합되었습니다. 그렇게 제 나름의 콘셉트를 정하자 연구원 과정과 에니어그램 과정 가운데 콘셉트에 맞는 부분들이 선명히 보였고, 그런 부분들을 전체 콘셉트에 맞게 응용하여 융합했습니다. 그리고 이 과정에서 한 가지 적극 활용했던 것이 바로 제 과거 업무 스킬 중 가장 인정받았던 기획력이었습니다. 즉 켄 교수의 말처럼 하나의 콘셉트를 정한 뒤 제 과거 업무능력과 현재 지식과 경험을 융합하여 '기질에 맞는 천직 찾기 프로그램 〈비커밍 마이셀프(Becoming Myself)〉'를 만들었습니다.

〈비커밍 마이셀프〉는 이후 여러 경험을 거치며 저의 첫 책 출간과 함께 〈1인 회사 연구소〉로 발전했습니다. 기존 콘셉트에서 한 단계 발전하여, 어떻게 콘텐츠 생산자로 살아가는 지식 기업가로 전환할지 조금씩 더 체계적인 실행시스템을 갖추게 되었습니다. 초기 콘셉트였던 〈비커밍 마이셀프〉에는 아직 거친 면이 있긴 하였지만 그럼에도 가장 중요한 아이디어 하나를 갖고 있었습니다. 주력, 승부, 천직을 명확히 구분하여 단계적으로 접근해야 한다는 발상이었죠.

직장인이 회사를 나와 자신이 좋아하는 일로 밥벌이까지 해결할 수 있는 일을 하기까지의 과정을 '인생에서 한 번쯤 승부수를 던진다'는 개념으로 바라보고 이를 '승부 일'이라고 불렀습니다. 그러나 승부 일로 밥벌이를 할 수 있을 때까지 현재의 나를 버티게 해주는 '주력 일'이 필요합니다(이건 기업에서 흔히 승부수를 띄우는 전략 사업을 키울 때까지 캐시카우가 되는 주력 일이 필요한 것과 동일합니다.). 다만 여기서 말하는 승부 일은 천직과 구분이 되어야 하는데 왜냐하면 흔히들 마음에 품고 있는 업이란 게 비현실적인 경향이 짙어 말 그대로 꿈으로 끝나고 마는 경우가 많기 때문이죠. 그러므로 중요한 것은 우선 자신의 일과 관련 다음과 같이 '주력 승부 천직(주승천)'의 카테고리로 나눠볼 필요가 있습니다.

- 주력 : 승부 일로 밥벌이를 할 때까지 버티게 해주는 일
- 승부 : 좋아하는 일이 밥도 되는 일
- 천직 : 좋아는 하되 밥이 되지 못할 수도 있는 일

제가 생각하는 1인 지식기업가 전향은 바로 승부 일을 찾는 과정이었습니다. 밥에만 메여 살고 싶지는 않지만 그렇다고 꿈만 꾸고 살 수도 없다고 생각했기 때문에 그 타협점으로 찾은 제3의 길입니다. 그리고 승부 일을 통해 성공적으로 1인 지식기업가로 전향하기 위해서 가장 신경 써야 할 부분이 바로 튼튼한 주력 일입니다. 주력 일이 얼마나 나를 지탱해 주느냐에 따라 승부수를 띄울 기회를 제공받을 수 있기 때

문입니다.

주력 일을 다시 한 번 세분화시켜 생각해보니 다음과 같이 4가지로 구분할 수 있었습니다.

- 현업
- 현업과 관련된 일
- 승부 기초 일
- 아르바이트

주력 일 중 현업이 첫 번째로 꼽히는 이유는 안정된 수익이 있을 때 준비하는 것이 가장 좋기 때문입니다. 회사를 나오기 3년 전쯤, 승부 일의 방향성을 정할 수만 있다면 물질적으로 빈곤을 피할 수 있고, 회사 업무 가운데 자신의 승부 일에 보탬이 되는 일을 찾아서 준비할 수 있습니다. 가장 좋은 옵션인 셈이죠.

두 번째로 이미 자의 반, 타의 반 회사를 나온 경우라면 그래도 아직 네트워크가 살아 있을 때 이전 업무와 관련된 일에서 포트폴리오 하나 정도는 만들어두는 것이 안전합니다. 1인 지식기업가의 구루인 찰스 핸디가 일찍이 말했듯이 1인 기업가들은 반드시 2개 이상의 수입 포트폴리오가 있어야만 장기적으로 살아남을 수 있습니다. 그러니 아무리 돌아보고 싶지 않은 회사 생활이었다고 하더라도 아직 승부 일이 무르익기 전까지는 현업과 연관된 일 중 하나는 유지하는 것이 필요합니다.

　다만 최소생존경비가 매우 낮고 통장 잔액이 버텨준다는 전제 아래 만일 시간을 전부 투입하여 가능한 빨리 승부 일을 만들어내고 싶다면 세 번째 옵션인 '승부 기초 일'을 시작하는 것도 방법입니다. 물론 한 가지 일만으로 처음부터 밥벌이가 해결되진 않지만 그래도 기초 일을 하면서도 내가 걷고 싶은 길을 미리 맛보고 네트워킹을 쌓을 수 있기 때문에 시간을 가장 절약할 수 있는 길입니다. 문제는 방향을 못 찾고 헤매거나 일거리 자체를 찾을 수 없어서 아르바이트에 의존해야 하는 경우입니다. 아르바이트는 투입 시간 대비 수익이 정말 박하기 때문에 자칫 적은 돈을 벌기 위해 무한 시간을 투자하는 덫에 빠지게 되죠. 그래서 가능하다면 회사에 몸담고 있을 때 미리부터 철저히 준비하는 것이 필요하다는 생각입니다.

　이렇게 프로그램을 만들어놓고 제 자신을 돌아보니, 최소생존경비를 철저히 낮춘 뒤 3년 동안 책읽기와 연구원, 에니어그램 과정을 마스터하며 지식과 경험을 축적했습니다. 그런 후 3년차가 끝나갈 무렵부터 4년차로 넘어서는 시점에 〈비커밍 마이셀프〉라는 프로그램을 구상했는데 이 일은 제겐 세 번째 옵션인 승부 기초 일이었습니다. 그러니까 제 경우는 회사를 그만둔 뒤 현업과 연관된 일 없이 바로 승부 일로 뛰어든 셈입니다. 다만 위에서도 말씀드린 것처럼 승부 일을 할 때도 이전 업무력 가운데 기획력만큼은 철저히 활용해오고 있는 중입니다. 그러므로 누구라도 지금 현업에서 하는 업무 스킬 중에는 1인 기업가로 전환한 뒤에도 반드시 필요한 능력이 한두 가지는 있을 테니까, 따라서 아직 현업을 유지하고 있을 때부터 미래를 대비하는 것이 여러 측면에서 참으로 중요합니다.

그렇게 〈비커밍 마이셀프〉를 필두로 〈1인 회사 연구소〉를 6년간 끌어오면서 저는 제 자신과 수많은 분들의 사례를 접하며 가장 뼈저리게 깨달은 점이 하나 있습니다.

"말은 필요 없다. 오직 실행뿐이다."

아무리 이론에 빠삭하고 방법에 능통해도 소용이 없습니다. 최첨단 경영기법을 알고 있더라도 정작 현실에서 변화를 구현하기 위해서는 최소 3년을 하루같이 묵묵히 스스로 실행해야 합니다. 그것이 바로 인생변화에 있어 진리와도 같은 '천일의 법칙'인 것 같습니다. 그러나 역으로 그 천일을 잘 버티기 위해서는 무엇보다 주승천 로드맵을 설계해야 한다는 사실입니다. 심연의 밑바닥을 걸으며 터득한 퇴사자의 생존전략입니다.

습관을 바꾸는
천일의 법칙

개인의 성장에 있어서 가장 큰 책임을 지는 사람은 개인 자신이다.

: 피터 드러커 :

회사를 그만둔 지 3년차가 되면서 가장 힘들었던 것 중 하나가 주변의 시선이었습니다. 저 스스로는 1인 지식기업가라고 자부하지만 주변에선 서서히 백수 비슷하게 보더군요. 단군의 후예랑 비커밍 마이셀프를 기획하여 운영하고 있었지만 그와 같은 일을 주변에선 정식 일로 인정해주지 않았습니다. 제가 아무리 가슴을 펴려고 해도 세상의 시선은 저를 위축시키고 있었습니다.

그런 와중에 또 하나의 복병을 만나게 됩니다. 바로 집안 대소사에 상시로 호출되는 일이었습니다. 처음 가족은 '열심히 일한 당신, 쉬어라.'는 마음으로 받아주었습니다. 아마 연구원 1년이 지나면 다시 마음 잡고 회사로 복귀하리라 믿었던 것 같습니다. 그렇게 한 해를 보내고 또 한 해를 맞으며 3년차에 이르고 보니 슬슬 걱정스런 눈초리입니다. 저를 보는 시선에 그림자가 깃들입니다. 그러면서 크고 작은 집안 일이 있을 때마다 방문을 노크하기 시작했습니다. 일단 가용 자원이 눈 앞에서 '놀고 있으니' 어쩌면 너무도 당연한 일이겠지요.

여기서 문제가 발생합니다. 집안일이란 정말이지 하루 24시간 매달려도 끝이 나질 않습니다. 여기에 가족들의 바깥 볼일까지 겹쳐지면 본의 아닌 제 일거리는 산더미처럼 늘었죠. 동동거리며 분주하게 하루를 보내고 잠자리에 누우면 도대체 내가 오늘 무슨 일을 한 건지 전혀 감이 잡히질 않습니다. 그저 또 하루가 손가락 사이에서 모래가 빠지듯 사라졌다는 허무함이 어둠 속을 채우고 있습니다. 처음, 가족의 도움 호출을 받고는 그동안 회사 다니느라 돕지 못했던 미안함도 들었고, 또 회사를 쉬고 있으니 이렇게라도 역할을 해야 한다는 의무감이 겹치며 소매를 걷어 붙였지만 점차 시간이 흐르면서 이러다간 죽도 밥도 안 될 것 같다는 생각마저 들었죠.

'카페로 도망갈까? 아님 도서관?'

일단 재택근무지만 근무는 흐지부지되고 재택만 하는 상황부터 탈피해야 할 것 같았습니다. 흔히들 1인 기업가가 되면 공간에 구애받지 않고 컴퓨터 하나만 들고 카페든 어디든 둥지 틀고 멋스럽게 일한다고들 하니 저도 이 참에 디지털 시대에 합류해보면 좋겠다는 낭만 어린 생각을 품었습니다. 그런데 가만히 생각해보니 그 또한 생각처럼 간단한 일이 아니었습니다.

우선 저는 음악을 들으며 일하는 스타일이 아니었습니다. 어릴 때부터 친구들이 시험 공부할 때 음악을 틀어놓고 한다는 말이 제겐 잠꼬대 같은 소리였습니다. 전 소리에 무척이나 예민해서 그게 배경음악일지라도 귀에 거슬렸습니다. 카페의 유동 인구도 집중력을 흩뜨리는 요인이었습니다. 시각적으로나 청각적으로 철저히 격리된 환경에서 절대 몰입해야 생산성이 높은 타입의 사람이었죠. 아무나 노마드적인 디지털 환경에서 일할 수 있는 게 아니었습니다.

거기다 또 하나, 3년차까지도 저는 계속해서 필사를 하며 책 읽기를 하고 있었고 책 쓰기를 위해 칼럼 쓰기 연습을 할 때는 이전에 읽었던 책들을 들춰가며 이런 저런 내용들을 섞는 연습을 하는 중이었습니다. 그러니 언제, 어떤 책이 필요할지 모르는 상황에서 책이랑 컴퓨터 전부를 짊어지고 다닐 수도 없는 노릇이었습니다.

끝으로 저의 집에서 동네 도서관까지 거리가 제법 되었는데 실은 그 왕복 시간도 아깝다는 생각이 들었습니다. 아무리 동네 도서관이라지만 외출을 하려면 자외선 크림이라도 발라줘야 하고 옷도 갈아입어야 합니다. 거기다 버스도 타야 하고 내려서 걷기도 해야 하는데 그렇게 준비부터 도착까지 최소 1시간은 걸립니다. 왕복으로 계산하면 하루 2

시간은 허비해야 합니다. 2시간이면 쉬운 책 수십 페이지를 읽을 시간입니다. 매일 길 위에서 버릴 시간은 아니란 판단이었습니다. 그래서 어느 날 큰 결심을 하고 식구들에게 단호히 부탁했습니다.

"점심때까진 건드리지 말아줘."

놀란 눈으로 쳐다보는 가족에게 상황을 설명했습니다. 물론 조만간 첫 책을 꼭 출간하겠다는 말을 덧붙였습니다.

연구원 2년차, 단군의 후예를 만들며 새벽기상을 시도했지만 일상까지 재편된 건 3년차 들어서부터였습니다. 그때 제 기상 시간이 6시였고 오후 1시에 점심을 먹으니 제게 주어진 시간이 7시간이었습니다. 그 당시 저는 연구원 과정과 비슷한 시기에 시작한 불교수행 역시 3년차로 접어들며 매일 아침 6백 번에 걸쳐 참배를 진행하던 중이었습니다. 절 수행과 아침식사 마치는 데 2시간 잡고 나머지 5시간을 책 읽고 글 쓰는 시간으로 확보했습니다. 그런 후 무슨 일이 있어도 이 시간만큼은 매일 지켜나가자 단단히 결심했습니다(그러고도 1주일에 40시간이 좀 모자라서 다시 가족들과 협상하여 1주일에 이틀은 점심 이후에도 호출하지 않기로 약속을 받아냈습니다. 이로써 주당 40시간 넘는 제 시간을 확보하여 일단 하드웨어적 측면에서 1인 지식기업자의 틀을 갖추게 됩니다.).

그렇게 아침 일찍 일어나 하루 중 가장 맑은 에너지로 기도하고 읽고 쓰기까지 마치고 점심을 먹으면 하루가 뿌듯합니다. 점심때가 되면 마치 그날의 중요한 일을 다 처리한 기분이 들어 나머지 시간은 무슨 일을 하든 부담이 없었습니다. 다만 워낙 아침에 에너지를 몰아 쓰니 해가 저물 무렵에는 더는 강도 높은 일을 할 수가 없습니다. 사람은 누구나 하루 사용 가능한 에너지에 한계가 있는 것 같습니다. 그러다 보니 자연 밤 모임에 참여하는 일이 줄어들게 되었죠.

원래도 술, 담배를 입에 대지 않아 회사에서의 강제회식이 퇴사를 결정하는 데 가장 큰 원인 중 하나가 되었지만 그렇다고 친구들이나 지인들과의 모임까지 싫어한 건 아니었죠. 실은 무척이나 좋아라 하고 만나던 게 친구, 지인들이었으니까요. 친구들이 하나둘씩 취해가는 모습을 맨 정신으로 지켜보는 재미도 쏠쏠했습니다. 그런데 밤 모임은커녕 초저녁부터 눈이 풀리고 팔다리가 흐느적거립니다. 잘 시간이 임박합니다. 이래선 인간관계를 유지할 수 있을지 의문이 듭니다.

"낮에 만나자."

그때 결심한 라이프스타일의 변화 중 하나였습니다.

음주가무를 못한다고 즐기지 않는 건 아니었지만 새로운 삶을 위해선 이전 삶의 습관들 중 버려야 할 것이 있고 새로 만들 것이 있음을 그때 새삼 깨달았습니다. 그리고 밤 문화는 지속적으로 책을 읽고 글을 쓰는 삶을 살고 싶은 제가 포기해야 할 일상 중 하나였습니다. 무릇 한 분야에서 필살기 하나를 갖추기 위해선 그것을 중심으로 삶을 재편하고 나머지 일상은 전부 거기에 맞춰져야 한다는 평범한 진리를 제 삶에서 실천하는 순간이었습니다.

"지금부턴 책쟁이, 글쟁이로 살자."

그때 제가 결심한 생각입니다.

저는 제 나머지 삶을 작가로 사는 것에 바치고 싶었습니다. 실제로 인문고전을 통해 접한 작가들의 삶은 책에 자신들의 삶이 맞춰져 있는 삶이었습니다. 그랬기에 책이 그들의 필살기가 되었겠죠. 내 하루의 중심을 어디에 두느냐에 따라 나머지 제 인생이 그 방향으로 흘러갈 거라 생각했습니다. 연구원 졸업할 때 스승님께서 남은 인생을 지식기업가로 살려면 최소 3년은 연구원 때처럼 살면서 읽고 쓰기를 습관화하라고 말씀하셨습니다. 하나의 필살기를 쌓기 위해서는 최소 천일이 필요하다는 말은 스승님뿐 아니라 책에서 만나는 수많은 현인들의 가르침이기도 하니 그 말씀을 꼭 지켜내고 싶었습니다.

> 배우고도 실행하지 않으면 부끄러운 일이다.
>
> : 사마천 :

그리하여 그때부터 제 일상은 알찬 오전과 나머지 시간들로 단순하게 양분되며 지금까지 흘러오고 있습니다. 매일 지키느냐고요? 당연히 그렇지 못합니다. 어떤 날은 오전에 강의가 있는 날도 있고, 또 어떤 날은 온종일 워크숍을 진행하는 날도 있습니다. 또 어떤 날은 사적인 일로 아침부터 서둘러야 할 때도 있고요. 그런가 하면 정말 부득이하게 저녁이나 밤에 지방 강연을 가야 하는 날도 있고 심지어 1박 2일이나 며칠씩 연구소 엠티나 장기 워크숍을 진행한 적도 있습니다. 알찬 오전과 나머지 시간을 매일 지키는 건 일상에서 절대 불가능합니다.

하지만 중요한 건 원칙에 대한 확고한 의지일 것 같습니다. 며칠쯤 잘 지키는가 싶으면 외부에서 일이 치고 들어오기도 하고, 바깥일로 2~3일쯤 휘둘리다 보면 어느 새벽엔 눈 뜨기가 싫어집니다. 일상은 매일이 때론 유혹과의 치열한 싸움이 되기도 하지만 매일 싸우다 보면 저도 모르는 사이 제 삶의 습성에 거대한 변화가 감지됩니다. 때론 그 변화의 흐름이 너무 느려 싸움 자체를 포기하고 싶어질 때도 있지만 중요한 건 1인 지식기업가는 절대로 자기관리를 포기해선 안 된다는 사실인 것 같습니다. 자기관리를 포기하는 순간 자칫 지식기업가의 길 자체를 포기해야 할지도 모르기 때문입니다.

지난한 자기와의 싸움에서 나만의 실행 시스템을 갖추어가는 데 3년 정도 시간이 걸렸습니다. 그리고 천일 정도 흐르니 제가 외부로 끌려가는 힘보다 외부를 제게 맞추는 힘이 조금씩 강해지기 시작했습니다. 그러면서 신기하게도 우연한 계기를 맞아 첫 번째 책을 쓰기 시작했습니다. 많은 스승들이 말씀하신 것처럼, 제 안에서 필살기를 품어내어 그것을 중심으로 제 삶이 재편되기까지는 최소 천일의 법칙이 필요하다는 가르침은 틀리지 않았습니다. 물론 아직 제가 책을 저의 필살기라고 부르기엔 갈 길이 까마득하지만요.

너는 돌아갈 곳이 없다

과거로부터의 분리와 새로운 탄생의 순간은 불안을 야기시킨다.

: 조셉 캠벨 :

    사람은 누구나 삶의 분기점이 되는 상징적 사건 하나를 갖고 살아갑니다. 저에게는 첫 책이 그런 의미였습니다. 심연을 통과할 수 있는 아리아드네의 실이었죠. 책 쓰기라는 도전적 과제를 앞에 두고 저는 지금까지 공부한 모든 분들을 떠올렸습니다. 로욜라 신부님의 맨발 수련도 떠올렸고, 천재로 알았던 피카소의 수십 장 스케치 연습도 떠올렸습니다. 그런가 하면 시력을 잃어가며 천장 벽화를 그린 미켈란젤로를 생각하며 '아직 내 노력은 노력이라 할 수도 없다!' 스스로를 다그치기도 했습니다.

하지만 3년차 초겨울이 시작되자 더는 버틸 힘이 없어 절망감이 몰려들기 시작했습니다.

'과연 내가 다시 사회생활을 할 수 있을까? 이대로 끝나는 거 아닐까? 그럼 남은 인생은 어떻게 살아가야 하지?'

두려움과 불안을 넘어 삶에 대한 근원적 공포감이 스며들기 시작하며 심리적으로 가장 견디기 힘든 시기에 접어들었습니다.

책과 스승님께 배운 대로 행하면 길이 열릴 것이라 굳게 믿고 지난 3년간 제 안의 모든 힘을 짜내어 버티고 또 버텼습니다. 그러나 아무리 노력해도 책 쓰기는 요원해 보였고 그만큼 제 앞날은 막막했습니다. 어쩌다 한번 외출을 하면 초겨울의 잿빛 하늘이 낮게 다가와 마치 저를 압박하는 것 같은 공포감이 들며 한없이 춥고 외로웠습니다. 제 마음과 같은 뿌연 창문을 바라보며 절망감과 사투를 벌이는 바로 그때 부우하고 전화가 걸려옵니다. 찾는 이조차 거의 없어진 그 즈음 누구일까 쳐다보니 스승님이셨습니다.

"먼별이냐?"

스승님은 그때까지도 저를 먼별이라 부르고 계셨습니다.

'아, 사부님.' 하는데 말을 잇지 못하고 그만 눈물이 터졌습니다. 춥고 어두운 밤길을 헤매는데 저만치서 아버지의 음성이 들리는 것 같았습니다. 그저 서러웠습니다. 그렇게 한참을 울다 문득 스승님께서 용건이 있어 전화를 주셨으리란 생각이 들었습니다.

"아, 사부님, 죄송합니다. 용건이 있으셨을 텐데요."

"아니다. 괜찮다. 실컷 울거라. 그런데 먼별아. 하나만 명심하거라. 넌 돌아갈 곳이 없다. 오직 앞으로 나아가야 한다."

갑자기 겨울밤 얼음물을 뒤집어 쓴 것 같았습니다. 스승님 말씀처럼 퇴사 3년차의 저는 진정 돌아갈 곳이 없었습니다. 오직 앞으로 나아가는 수밖에 제가 살 길은 없었습니다. 울고 있을 때가 아니었습니다. 저도 모르게 눈물이 뚝 멈춘 바로 그 순간 문자가 들어옵니다.

"먼별아. 오늘이 동지구나. 동지는 일 년 중 밤이 가장 길다. 그런데 오늘이 지나면 밤이 점차 짧아진다. 그게 자연의 순리다. 나오거라, 밥 먹자꾸나."

그쳤던 눈물이 다시 터졌습니다. 하지만 아까처럼 그저 서러운 눈물은 아니었습니다. '우는 건 오늘로 끝이다. 바닥까지 울고 다시 일어서리라.' 그런 다짐 같은 눈물이었습니다. 그래서 더 힘들었습니다. 죽음 편지 이후 또 한 번 온 몸이 아프도록 울며 다시금 재탄생을 다짐했습니다.

그리고 다음날 아침 실로 몇 달 만의 외출을 했습니다. 스승님께서 사주신 점심을 먹었습니다. 이런 저런 이야기 끝에 문득 스승님께서 이런 말씀을 꺼내십니다.

"먼별아, 첫 책 말이다. 너무 어렵게 생각 말고 그냥 네 이야기를 써 보면 어떨까?"

"제 이야기를요?"

너무 놀라서 파스타가 목에 걸릴 뻔했습니다. 집 안에 쭈그러져 있던 지난 3년입니다. 쓸 이야기가 무엇이 있을지 감이 오질 않았습니다.

"너는 연구원 시절 변화경영 실행에 대해 이야기하고 싶다고 했잖니? 그럼 그동안 헤맨 이야기를 한번 정리해봐. 내 변화경영 사상 이야기는 독자들이 간혹 너무 먼 이야기로 느끼는 경우가 있는데 네 이야기는 그런 독자들에게 분명 도움이 될 거야."

"……"

저는 아무 말도 할 수 없었습니다. 지난 3년 주야장천 책을 읽으며 어찌해야 지식기업가로 전환할 수 있는지 줄기차게 고민했던 저로서는 무언가 인문학적 주제 하나를 갖고 제 책을 써야 할 거라 생각했었습니다. 단 한 번도 제 이야기, 그것도 멋지게 전환한 성공 스토리가 아닌 지질이 궁상떨던 지난 3년을 책에 담아낸다는 생각은 꿈에도 한 적이 없었습니다.

'싫다. 하필이면 왜 그런 이야기를.'

몸이 본능적으로 거부반응을 보였습니다. 그래도 한때는 괜찮은 커리어 우먼이었는데 하필이면 힘들게 보낸 시간을 팔아서 작가로 데뷔하고 싶지는 않았습니다. 그러나 돌아오는 버스에서는 조금 생각이 달라졌죠. 그 주제라면 첫 책을 쓸 수 있을 것도 같은 희망이, 그래도 그렇지 그런 책은 쓰고 싶지 않다는 반감을 뚫고 얼굴을 내밀었지요.

집에 돌아와 아무리 생각해도 달리 길이 보이지 않았습니다. 이 지긋

지긋한 지식기업가 '준비생' 딱지를 떼어내기 위해선 그 주제밖에 없었습니다. 나의 새 출발 이야기. 그 시작점은 어디였을까요? 제가 걸어왔던 길과 완전히 단절된 시점, 새로운 콘텐츠를 생산하기 원했던 그 시점은 스승님 말씀처럼 3년 전부터겠지요. 그렇게 생각이 진행되고 나서야 연구원 시절 스승님께서 반복적으로 말씀하신 이야기, '첫 책은 진정성을 담은 자신의 이야기여야 한다'는 말씀이 어떤 의미였는지 비로소 이해가 되었습니다.

> 모든 지식이 그렇듯이, 특히 그것이 가슴에서 우러나온 것일 때에는 감동적이다.
>
> : 아니타 로딕 :

그런데 그렇게 결심을 하자 신기한 일이 벌어졌습니다. 갑자기 쓸 이야기가 넘쳐나고 하고 싶은 말들이 줄줄이 이어져 나왔습니다. 마치 지난 3년이 이 한 권의 책을 쓰기 위한 여정 같았습니다. 한동안 출판 기획자로 일하며 다른 무명 저자들의 첫 책 출간을 기획했던 저였기에 주제만 확실히 정해지면 이후 책 기획은 크게 어렵지 않았습니다. 더불어 책 출간은 주제와 기획이 뼈대의 전부인 만큼 기획안을 짜고 그에 맞춰 부를 구성하면 원고의 반은 끝난 것과 마찬가지입니다.

간혹 첫 책을 쓰는 분들 중 소재나 글쓰기 테크닉에 집중하는 분들이 계시는데 책 쓰기는 절대적으로 주제가 으뜸입니다. 즉 내가 출간하고

자 하는 책을 통해 독자에게 전달하려는 메시지가 무엇인지 한 줄로 담아낼 수 있는 책의 주제가 선명해야 합니다. 그리고 책 주제가 선명하기 위해서는 무엇보다 21세기 대한민국이라는 시공간 좌표를 잘 이해하고 있어야 합니다. 그래야 현 시점의 독자들에게 다가갈 수 있는 주제를 제 안에서 뽑아낼 수 있기 때문입니다.

그 다음이 목차 구성입니다. 즉 자신이 말하고자 하는 주제를 어떻게 표현할지 전체 그림을 설계해야 합니다. 자기 계발서 같은 경우는 전통적으로 3부 혹은 4부 구성을 선호합니다. 아무래도 독자들이 이해하기 편하고 친숙한 프레임입니다. 하지만 수필의 경우는 자잘한 소제목(꼭지)을 나열하는 방식이 한동안 유행했던 적이 있습니다. 출판계 또한 나름 트랜드가 있기 때문입니다. 그러므로 형식이야 그때그때 상황에 따라 내가 편하게 표현할 수 있는 스타일을 선택하면 됩니다. 다만 문제는 목차 전반에서 자연스럽게 드러나는 흐름입니다. 즉 어떤 목차를 구성하더라도 목차에 주제가 얼마나 자연스레 흐르고 있는지는 특히나 자기계발서에선 중요한 요인 중 하나입니다.

끝으로 필력입니다. 다만 여기서 말하는 필력은 글쓰기 솜씨가 아닌 이야기를 끌고 가는 힘이란 의미의 필력입니다. 책 쓰기 워크숍을 진행해보면 가끔 자신은 필력이 없어서 책을 못 쓴다거나 반대로 글을 잘 쓰니까 마음만 먹으면 책 출간은 쉬울 거라는 근자감을 갖고 계신 분들을 만나게 됩니다만 어떤 경우도 아직 책 쓰기는 제대로 이해하지 못하고 있는 경우입니다. 순수 문학을 하시는 분들은 개성 있는 문체 등이 중요하겠지만 대개 자기계발서 장르를 통해 책을 출간하여 지식기업가의 길을 걸으려는 분들에게 필력은 절대 글쓰기만의 의미가 아닙니다. 지식기업가들에게 필력이란 폰트 10으로 원고지 A4 용지 최소 100페이지를 채울 수 있는 이야기를 끌고 나가는 힘, 그것이 필력입니다.

정리하자면 지식기업가로 책을 출간하기 위해선 현 시대와 공간이 필요로 하는 주제를 내 안에서 길어 올려 그에 대해 원고지 100장 분량 이야기를 써야 합니다. 그러기 위해선 기본적으로 시대와 공간을 이해한 뒤, 그에 걸맞은 자기만의 필살기 하나씩을 길러내야 합니다. 책이란 결국 그 필살기를 눈에 보이는 하나의 상품으로 엮은 필살기의 끝이자, 비로소 그 책을 들고 세상에 지식기업가라고 나를 소개할 수 있는 시작이기도 합니다. 그러므로 오랜 시간 시도해도 아직 책 출간이 어려운 분들은 제가 그러했던 것처럼 무엇보다 먼저 자신에게로 돌아가 삶의 경로를 다시 한 번 되짚어 봐도 좋을 것 같습니다. 때론 해결책은 간단한데 문제 원인을 잘못 진단하여 헤매는 경우도 있으니 말입니다.

잘 쓰기 위해선 무엇보다 잘 읽어야 합니다. 시대와 공간을 이해하기 위해선 인문고전 공부를 해야 하고, 나만의 필살기 하나를 일궈내기 위해선 전문 분야 하나씩은 공부해 둬야 합니다. 절대 가벼운 책에만 맛을 들이면 지식콘텐츠 생산자가 되기 위한 인풋은 어렵습니다. 더 중요한 건 '무슨 책을 읽느냐'보다, '어떻게 읽느냐'입니다. 글을 토해내기 위해선 먼저 글을 꼭꼭 씹어서 흡수하기가 필요합니다. 동서고금 막론하고 아무리 하루가 바쁜 사람이라도 건너뛸 수 없는 독서법인 것 같습니다.

길고 긴 동지 다음날, 스승님의 실마리를 따라서 저는 책 쓰기에 몰입했습니다. 그때가 4년차 상반기였습니다. 주제를 명확히 하자 그에 따라 목차가 기다렸다는 듯이 배열하고, 목차가 정해지자 그간 쌓이고 쌓인 이야기들이 쏟아져 나오기 시작했습니다. 과연 이 원고가 책으로 출간될지 의심과 염려가 올라오긴 했지만 무엇보다 일단 글이 쏟아져 나온다는 사실 그 자체가 너무 기쁘고 좋았습니다. 드디어 제게도 긴 터널 끝에 한 줄기 빛이 보이기 시작했습니다. 실로 오랜 시간 뒤의 희망이 느껴지기 시작했습니다.

: 홀로 공부 :

반드시
한 번은 혼자 길을
걸어야 한다

첫 책이 나오던 날

실수는 또 다른 운명이 시작되는 순간일 수도 있다.

: 조셉 캠벨 :

2012년 초여름, 회사를 나온 지 4년째 되던 해 드디어 첫 책 원고를 탈고했습니다. 2011년 동지 때 스승님으로부터 네 이야기를 써보라는 말씀을 듣고 제 이야기를 토대로 1인 지식기업가의 로드맵에 대한 이야기를 쓰고, 또 썼습니다. 초고 탈고는 2012년 봄쯤에 했던 걸로 기억합니다. 그러나 불안했습니다. 이게 책으로 낼 수 있는 수준인지, 책 꼴을 갖출 수 있는 글인지 도무지 감을 잡을 수가 없었습니다. 저는 한

동안 출판 기획 일을 하며 수십 명의 무명 저자들을 작가로 데뷔시킨 경력을 갖고 있었습니다. 그래서 어떤 분의 이야기만 들어도 이것이 상업용 출판이 될지 안 될지 바로 판단할 수 있을 만큼 익숙한 업무였습니다. 그런데 제 글은 도무지 감이 잡히지 않았습니다. 사람은 누구나 자신의 일에 있어선 이성적이지 못한 것 같습니다.

사실 이 원고는 정확히 말해서 저의 첫 번째 원고가 아니었습니다. 2010년 봄, 변경연 연구원 과정을 수료하며 처음으로 원고를 탈고했습니다. 연구원 과정에서 배우고 익힌 것을 우화 형식으로 쓴 원고였습니다. 변경연은 원래 첫 책을 쓰면 졸업이고 그렇지 않으면 그냥 수료에 머무는 그런 불문율이 있었기에 탈고하자마자 '공부 열심히 했습니다'란 의미로 스승님께 원고를 보냈습니다. 그랬더니 원고를 검토하신 스승님께서 꽤 좋다고 몇 군데 출판사를 언급하시며 보내보라고 하셨습니다. 저 또한 그러고 싶었지만 용기가 나지 않던 차에 스승님 말씀을 듣고 용기백배하여 일러주신 출판사 대표님들께 기획서와 샘플원고를 보냈습니다. 지금 생각하면 무명 저자가 감히 큰 출판사 대표님들께 바로 샘플원고를 보냈으니 참 황당한 일을 벌인 것인데 그때만 해도 스승님께서 그러라 하시면 그래도 되는 걸로 생각했습니다. 그런데 급기야 마음이 급했던 저는 가장 출간하고 싶던 한 출판사 대표님께 직접 전화까지 드렸습니다. 무식하면 용감하다는 말이 딱 그때의 저를 두고 한 말입니다. 그래서였을까요. 제 전화를 받은 대표님께서 대뜸 말씀하십니다.

"원고 왜 보냈습니까? 책을 내겠다는 사람이 우화 시장이 얼마나 죽었는지도 모르고 원고를 씁니까? 구본형 선생님이라면 혹시 모를까 무명 글쟁이 우화는 절대 출간 못하니 편한 글 쓰지 말고 구 선생님 제자답게 깊고 단단한 글을 쓰세요!"

이미 끊긴 전화기를 저는 한참을 들고 있었습니다.

'우화 시장이 죽었나? 그래. 거기까진 미처 생각 못 했네. 그렇다고 쉽게 가려고 우화를 쓴 건 아닌데.'

순간 저는 기본 중의 기본을 모른 것 같은 부끄러움과 지름길을 찾는 사람은 아닌데 하는 약간의 억울함이 뒤섞여 코끝이 찡했습니다. 더불어 잘못하면 나 하나 욕먹는 걸로 끝나는 게 아니라 하늘같은 스승님 얼굴에 먹칠하는 일이라는 것을 새삼 깨달았습니다. 조심해야지 큰 일 나겠다고 결심하는 바로 그 순간 또 다른 출판사 대표님께 전화가 걸려 왔습니다.

"수희향 선생님입니까? 보내주신 원고는 잘 받았습니다. 챕터별 흐름도 좋고, 이야기를 끌고 가는 힘도 있습니다. 약간만 손보면 지금 바로 출간해도 크게 무리 없는 원고입니다. 다만 현재 우화시장이 너무 죽어서 이대로 출간은 어려울 것 같습니다. 그러니 에세이 형식으로 한번 풀어서 써보면 어떨까요?"

말씀은 부드러웠으나 요지는 같았습니다. 하지만 시간이 흐를수록 그때는 아프게만 느꼈던 첫 번째 대표님의 말 회초리가 책을 내면 낼수록 더 깊이 다가옵니다. 어쩌다 한 권은 또 그렇게 저렇게 출간할 수 있지만 지속적으로 책을 출간하기 위해선 글이 깊고 단단하지 않으면 절대 버틸 수 없다는 것을 책을 내면 낼수록 뼈저리게 느끼고 있기 때문입니다. 그리고 글이 깊고 단단하기 위해선 늘어지지 않고 쉼 없이 꾸준히 노력해야만 가능하다는 사실은 1인 지식기업가 10년차가 된 이때 더 절실히 깨닫고 있는 것 같습니다. 작가 지망생이 큰 출판사 대표님으로부터 한 줄이라도 가르침을 받을 수 있었던 것은 전적으로 베스트셀러 작가였던 스승님의 이름 덕분이었겠지요. 그런 만큼 그 대표님께선 기억 못하시겠지만 저는 그날 이후 지금까지 대표님의 말씀을 마음 깊이 새겨놓고 작가로서 지향해야 할 방향성으로 여기고 있습니다.

아무튼 그런 경험이 있었기에 4년차 여름, 실질적인 첫 책 원고를 탈고한 뒤에는 어떤 출판사에 기획서를 넣어야 할지 망설였습니다. 아무래도 대형 출판사에 투고해 봐야 채택되기는 어려울 거라는 현실적인 생각이 들었습니다. 대신 작더라도 제 원고를 꼼꼼히 살펴봐주시고 가르침을 주실 출판사를 찾았습니다. 그렇게 저는 중견 출판사 3곳에 기획서와 샘플 원고를 보냈고 그 중 두 곳에서 연락을 받았습니다.

한 군데는 신생 출판사였는데 의논할 게 있으니 출판사를 방문해달라고 하셨습니다. 도착해 말씀을 들어보니 원고는 좋은데 몇 가지 수정을 하면 완성도가 더 높아질 것 같다는 의견이셨습니다. 조심스레 수정기간을 어느 정도 예상하시느냐 여쭈었더니 '연말까지'라는 답을 주셨습니다. 순간 눈앞이 아득했습니다. 사람의 마음이 참으로 간사한 것이 가르침 받기를 원한다는 마음으로 지원해놓고 정작 수정 요청을 받으니 뒷걸음질을 칩니다. 그러던 중 또 한 군데 출판사에서 연락이 왔습니다. 원고가 좋으니 바로 출간하자는 말씀이셨습니다. 다만 출판사가 내부적으로 자금 사정이 안 좋아 마케팅을 적극적으로 해줄 순 없다고 하셨습니다. 여러분 같으면 이 경우 어느 출판사에서 책을 출간하실까요?

기다림에 지친 저는 6개월을 더 못 기다리고 후자를 선택했습니다. 그 출판사에서 1인 지식기업가의 구루였던 찰스 핸디의 책과 스승님 책도 나왔기에 '그 출판사를 선택하는 것은 영광의 선택'이란 그럴싸한 자기 합리화까지 했습니다. 하지만 진짜 이유는 탈진 그 자체였습니다. 저는 봄에 초고를 탈고한 뒤 초여름까지 출판사에 샘플 원고를 보내기 전 8번에 걸쳐 원고를 수정했습니다. 할 수 있는 한 제 선에서 원고 완성도를 최상으로 끌어올려야 한다는 생각이었습니다. 그랬기에 출판사에서 6개월 수정이란 이야기를 들었을 때 저는 더 이상 수정할 힘이 남아 있지 않았습니다. 지금 돌이켜보면 가장 후회되는 선택이기도 합니다.

물론 책을 여러 권 출간하다 보면 제아무리 실력 좋은 편집장이라 할지라도 무조건 딸려가선 안 된다는 사실을 깨달을 때가 옵니다. 작가의 중심 없이 수정 요청에 계속 응하다 보면 결국 최종 원고는 작가의 것인지 편집자의 작품인지 배가 산으로 가는 경우도 있기 때문입니다. 그러나 아직 작가로서 미처 여물기 전, 특히 첫 책 데뷔를 앞두고선 믿을 만한 실력 있는 편집장이 리딩하는 수정 요청은 전적으로 따라도 좋을 일입니다. 이유인즉, 그 과정에서 혼자서는 도저히 터득하기 어려운 일들을 배울 수 있기 때문이고, 이 배움이 두고두고 작가로서 큰 자산이 되기 때문입니다.

그러나 출판 기획자로서 이미 알고 있던 이 사실이 제 앞에 펼쳐졌을 때 저는 그 길에 들어서지 못하고 결국 '바로 출간'이란 유혹 앞에 무릎을 꿇고 말았습니다. 수정을 거쳐 나온 책이 꼭 독자의 사랑을 더 받았을 거라는 의미는 아니지만 작가로서 단단한 출발을 할 수 있는 기회 한 번을 놓친 것은 분명했습니다. 그러므로 이후 책 쓰기 워크숍에서 가장 강조하는 일 중 하나가 초보들은 반드시 초고는 100% 탈고 한 뒤에 기획서를 돌려야 하지만, 그렇다고 혼자 몇 달씩 수정을 할 필요는 없다고 일러줍니다. 이야기를 끌고 가는 힘, 즉 필력을 증명하기 위해 작가 지망생들의 경우 첫 원고는 반드시 80% 이상 탈고를 끝낸 뒤 출판사에 돌리는 것이 좋습니다. 그러나 출판사와 협의하여 방향을 잡힌 뒤 전문 편집장의 리딩에 따라 수정하는 것이 완성도 측면에서 훨씬 좋기 때문에 너무 혼자 원고를 끌어안고 낑낑거릴 필요는 없습니다. 최선은 다하되 골방에서 나 홀로 완벽주의를 기할 필요는 없다는 말씀입니다.

아무튼 2012년 11월 〈1인 회사〉라는 타이틀을 단 제 첫 책이 출간되었습니다. 책이 아직 서점에 깔리기 전 집으로 도착한 작가 증정본을 펼쳐보던 그 순간의 얼떨떨함이란. 겁 없이 회사를 뛰쳐나와 오직 책만 믿고 보낸 4년 만의 일이었습니다. 지금도 그 순간의 얼떨떨한 느낌은 손끝에 그대로 남아있는 것 같습니다.

책이 나오고 2주 정도 지났을 무렵 편집장님한테 전화가 걸려왔습니다. 1쇄가 다 나가서 2쇄를 찍을 건데 아무래도 표지 디자인을 바꾸게 될 것 같다는 말씀이셨습니다. 책 반응이 좋으니까 마케팅 부장님께서 표지를 좀 더 강한 걸로 변경하는 게 좋겠다고요. 사실 출판사 내부 사정이 좋지 않아 제 첫 책은 종이 질이나 표지 디자인이 가여울 정도였습니다. 그러나 저는 책이 나왔다는 사실에 마냥 기뻐서 개의치 않았는데 책을 보신 주변에서 한 말씀씩 하실 때마다 괜히 책에게 측은함이 들었습니다. 그런 차에 출판사에서 반응이 좋다고 표지를 바꾸겠다고 하니 딱히 반대할 이유도 없었습니다. 아니 그만큼 신경 써주시니 초보로서 감사할 따름이었습니다.

그런데 2쇄가 나오고 얼마 뒤 편집장님께서 다시 전화를 주셨습니다. 아무래도 출판사가 파산 수순에 들어갈 것 같은데 선생님께는 미리 말씀 드리는 게 도리일 것 같아서라고 합니다. 그 때가 2012년 12월 출판기념회를 막 마치고 돌아선지 불과 며칠 뒤의 일이었습니다.

'내 잘못이지. 말해 뭐하리.'

첫 번째 떠오른 생각이었습니다. 출판 전부터 회사 사정이 좋지 않아 마케팅 지원이 소극적일 거라고 일러주셨고, 출판 기획자로 일하며 맺은 인맥으로 그 출판사 내부 사정이 좋지 않다는 것도 익히 알았습니다. 그럼에도 불구하고 설마 파산까지 갈 것이라고 생각지 못했습니다. 사람은 누구나 최악의 사태는 벌어지지 않을 거라고 믿는 비합리

적 존재들이죠. 그러나 진짜 엄청난 일은 아직이었습니다. 그때까지만
해도 전 하늘같던 스승님께서 소천하실 거라고는 꿈에도 생각해 본 적
이 없었기에 말입니다.

먼별에게,
우리는 별이다

　아빠는 제가 대학원 졸업을 몇 달 앞둔 12월 마지막 날 돌아가셨습니다. 장례를 치르기 위해 옷가지 챙기러 집에 가는데 택시 안에서 새해를 맞이하는 카운트다운이 들려오며 다들 환호성을 지르는 것이 들렸습니다. 그때 저는 아무리 좋은 날이라 할지라도 모두에게 다 기쁜 건 아니라는 걸 깨달았습니다. 대다수 사람들이 환호성을 지르는 기쁨의 순간에도 세상 어딘가에는 아픔을 삼키는 사람도 있다는 사실을 제 일을 통해 배우는 순간이었습니다.

　그 후 오랜 시간 아빠의 죽음을 사람들 앞에 꺼내놓지 못했던 저는 비로소 스승님을 만나 변경연 죽음편지에서 처음 마주할 수 있었습니다. 가족을 잃은 분들 중 많은 분들이 그러하겠지만 저 역시 회한과 미안함 그리고 그리움에서 빠져 나오지 못하고 맏이로서 어떻게든 버텨야 한다는 생각만으로 살아오고 있었습니다. 그 끝에 만난 스승이었기에 당연히 선생님은 제게 스승이요, 정신적 아비이며, 가야 할 길을 보여주시는 등불 같은 존재였습니다. 그런 스승께서 아프신 와중에 제 첫 책 추천서를 써주실 때만 해도 전 그냥 좀 아프신 정도로만 생각했습니다. 평상시 (제가 그렇게 믿고 싶어서였는지는 모르지만) 크게 아픈 적 없이 건강함을 유지해오고 계셨기에 당연히 가볍게 털고 일어나실 거라 여겼습니다. 스승님은 제게 아름드리 큰 나무셨고, 큰 나무는 절대 쓰러지지 않으니까요.

그래서 첫 책이 나오자 들뜬 마음에 앞뒤 생각 없이 스승님과 출판사 대표님께 점심 대접을 하겠다고 자리를 마련했습니다. 돌아가신 아빠에게 받기만 하고 밥 한번 못 사드린 게 가장 큰 아픔으로 남아 있었기에 제 마음은 더 바빴던 것 같습니다. 출판사에서 받은 계약금으로 선물을 준비하는 제 마음은 뿌듯함으로 날아갈 것 같았습니다. 다행히 스승님의 모습은 건강해 보이셨고 이미 스승님과 출판사 대표님은 오랜 인연을 쌓아 오신 까닭에 식사시간은 화기애애했습니다. 그 시간이 제겐 지난 4년간 애쓴 모든 수고로움을 씻어주는 것 같아 행복했습니다. 이윽고 아이같이 순수한 면이 있으셨던 스승님께서 식사를 마치시더니 그 자리에서 선물을 끌러보십니다.

"야, 먼별아. 멋지다. 좋다, 녀석아."

다행히 정말 마음에 드시는 것 같았습니다. 저도 덩달아 기분이 붕 뜨는데, 곁에서 보시던 대표님께서 한 말씀 거드십니다.

"그렇게 좋으세요? 어린애처럼 좋아하시네요."

웃음에는 정말 전염성이 있는 것 같습니다. 스승님이 기뻐하는 모습에 대표님도 덩달아 얼굴 가득 웃음이 번집니다.

"그럼 좋지. 좋고 말고. 이 녀석들이 여기까지 오는 게 쉽지 않거든. 내가 알지. 잘 알아."

"사부님, 다음 책도 꼭 써서 점심이랑 선물 또 사드릴게요."

스승님 앞에선 늘 겁 없이 미래를 다짐합니다.

"오냐. 꼭 그래야 한다. 오래오래 그래야 해."

그 날 이후 스승님을 다시 뵌 건 출판 기념회 때랑 신년회 때였습니다. 출판 기념회 때까지만 해도 심각하게 생각하지 않았던 저는 신년회 때 비로소 걱정이 되기 시작했습니다. 그러나 스승님은 수술이 잘 되셨다며 오히려 놀란 제자들을 다독이셨습니다. 그리고 정약용 선생의 독서법을 예로 들며 끝까지 공부하는 글쟁이가 되라는 신년 강의를 해주셨습니다. 강의 후 피곤하시다며 평상시보다 조금 일찍 귀가하시는데 마침 저랑 집 방향이 같은 연구원 동기가 스승님을 모시게 되어 운 좋게 저도 그 차에 합류하게 되었습니다. 셋이서 이런저런 이야기를 나누다 스승님께서 책 출간 이후 뭐하며 지내시냐고 물어 오십니다. 그래서 변화경영 실행의 장으로서 그려보았던 1인 회사 연구소를 시작했는데 혼자 조용히 다음 책이나 준비할걸 괜한 일을 시작한 거 아닌가 고민이 된다고 말씀 드렸습니다. 그랬더니 사부님께서 댁에 도착하여 들어가시기 직전에 저에게 이런 말씀을 주십니다.

"면벌아. 너는 지금까지 말타기와 활쏘기 그리고 창던지기를 각각 연마했잖니. 그럼 책이 나왔으니 이제 말에 올라타고 달리면서 활도 쏘고 창도 던지면서 앞으로 나아가야지. 괜찮으니 달리면서 해 봐."

지난 6년 동안 1인 회사 연구소를 감당하기 어려울 때마다 꺼내보던 말씀입니다. 환히 웃으시며 다 큰 제자들 조심해서 가라 끝까지 손 흔들며 배웅해주시던 그 모습이 아직 생생합니다. 그땐 그 모습이 제가 뵙는 병상 밖 스승의 마지막 모습일 줄 전혀 짐작도 못했지만 말입니다. 아버지를 일찍 여읜 제자들에겐 스승을 아비처럼 여기며 살라고 말씀해주셨던 큰 나무 같았던 스승님. 말씀으론 어지간해선 꾸짖지 않으셨지만 언행일치된 모습으로 그 어떤 어른보다 어렵고 무서웠던 스승님. 그러면서도 생을 뜨겁게 사랑하고 불꽃처럼 자신을 다 태우며 사는 것이 마치 저만큼 앞선 횃불 같으셨던 스승님. 그런 분의 제자였다는 사실이 참으로 가슴 먹먹하게 감사합니다.

이제는 뵐 수 없고, 여쭐 수 없지만 스승님의 가르침은 더 새록새록 떠오릅니다. 특히나 신년회 독서법 강의가 끝나고 내밀었던 스승님의 마지막 작품 〈그리스인 이야기〉에 남겨주신 한 줄 사인은 그 자체가 스승님께서 걸어가신 길이었다는 생각입니다.

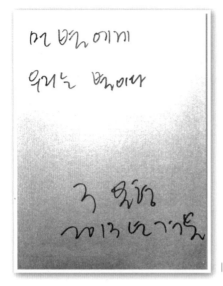

그리하여 저 또한 오늘도 그 말씀 늘 마음에 새기고 이제는 그만 저만의 북극성을 향해 걸어가야 할 것 같습니다. 그게 스승님을 가장 빛나게 해드리는 제자의 길일 테니 말입니다.

1인 회사 연구소 시작

모든 변화는 끝에서부터 시작한다.

: 윌리엄 브리지스 :

2013년 스승님의 소천을 충분히 애도할 겨를도 없이 저는 '일상에서 살아남기'에 허겁지겁 매달려야 했습니다. 1인 지식기업가로 전향한 지 4년 만에 첫 책이 나왔으니 5년차인 2013년에는 첫 책을 발판으로 어떻게든 다음 길을 모색해야 했기 때문입니다. 그때 저는 두 가지 길을 놓고 고민했습니다. 하나는 계속해서 두 번째 책을 쓰며 작가로서 입지를 다져가는 일이었습니다. 또 하나는 변경연 연구원 시절부터 스승님께 말씀드린 것처럼 〈변화경영 실행의 장〉을 만드는 일이었습니다. 고민 끝에 제가 선택한 길은 후자였습니다. 그리하여 책이 나오자 바로 연구원들을 모집하여 2013년 〈1인 회사 연구소〉를 시작합니다.

'나는 왜 오랜 꿈이었던 작가의 길에 집중하지 않고 1인 회사 연구소를 시작했을까?'

이 글을 쓰면서 다시 그 시절로 돌아가 보았습니다. 그때 저는 어렵사리 심연을 통과하여 4년 만에 첫 책을 출간하는 등 1인 지식기업가를 향해 걷고 있었습니다만, 그러나 이 길이 책만 읽어서는 갈 수 없음을 뼈저리게 깨달았습니다. 비혼 여성인 제가 이 정도 시간을 쏟고, 어려움을 견뎌야 하는데 만약 외벌이 가장이 이 길에 들어선다면 과연 성공 가능성이 어느 정도일지 답이 보이지 않았습니다.

특히 심연 기간 동안 수없이 곱씹으며 저를 경계시켰던 생각이 있습니다. 스승님은 회사를 나오기 전 이미 베스트셀러 작가였다는 사실, 스승님은 IBM 재직 당시 가장 핫한 승진 사다리를 일부러 피해 다니며 20년 가까이 책을 읽고 준비하셨다는 사실입니다. 저를 포함하여 사람들이 늘 간과하는 바로 그 사실 말입니다.

암울했던 2012년 동지 다음날 점심을 사주시며 저를 돌봐주신 스승님처럼 저 역시 무에서 시작하는 분들과 함께하고 싶었습니다. 그리하여 자칫 이상을 넘어 환상을 쫓거나 열정만 지니고 충동적으로 뛰쳐나갔다 금세 주저앉는 것이 아닌 가장 현실적인 결과물을 만들어내고 싶었습니다. 그러기 위해선 무엇보다 한 사람, 한 사람 자신에게 꼭 맞는 철저한 전략이 필요하다고 생각했습니다. 그렇게 제 생각들은 다음 3가지 비전으로 구체화되기 시작했습니다.

:: 1인 회사 연구소 3가지 비전 ::

첫째, 1인 회사 연구소는 철저히 1인 지식기업가들의 양성소가 된다.

제가 1인 회사 연구소를 시작할 당시는 책 쓰기 열풍이 막 불기 시작할 때였습니다. 1인 회사 연구원 과정에도 읽고 쓰기가 포함됩니다. 그러나 책 쓰기는 1인 지식기업가가 되기 위해 꼭 필요한 일이지만 전부는 아닙니다. 반드시 책과 함께 각 개인에게 맞는 비즈니스 모델이 필요합니다. 그러므로 1인 회사 연구소는 1인 지식기업가들의 비즈니스 실험터가 되어야 하고 그래서 1인 '지식기업가' 양성소여야 했습니다.

둘째, 1인 회사 연구원은 철저히 각자 기질에 맞는 필살기를 찾아 그것으로 밥을 먹을 수 있는, 즉 내적으로 시작하여 외적 결과물을 만들어 간다.

"하고 싶은 일을 하며 그것으로 먹고 살자." 참 아름다운 말이고 매혹적인 표현입니다. 하지만 현실에서 그런 일이 가능하기까지 얼마나 많은 시간과 노력이 필요한지요. 그래서 어떤 이들은 머나먼 이상향을 찾듯 낭만만 노래하기도 하고 또 어떤 이는 현실적 계산 앞에서 지레

겁을 먹고 포기합니다. 1인 지식기업가의 길은 두려움을 안고 가도 도달할 수 없고, 조급증을 안고 가도 이를 수 없습니다. 그보다는 철저히 내 기질에 맞는 잠재력을 찾아 이를 필살기로 갈고 닦는 전략이 필요합니다.

회사를 나와 자유 시장에 뛰어드는 순간 이전의 내 명함은 무용지물이 됩니다. 지금까지 내가 누려왔던 사회적 지위는 나 개인이 아닌 회사라는 조직의 힘이었음을 실감하게 됩니다. 정글과 같은 자유 시장에서 트랜드를 쫓아 내 밥벌이를 바꾸는 일은 마치 주식 시장에서 끝물에 투자하는 개미들처럼 허망할 뿐입니다. 개인은 결코 거대한 자본주의 시장을 리딩할 수 없기 때문입니다.

그러므로 나의 콘텐츠는 반드시 내 안에서 찾아야 합니다. 그래야만 세상 유행과는 상관없이 꿋꿋이 지켜나갈 수 있습니다. 그렇게 나만의 고유한 잠재력이 필살기가 될 때, 그때 비로소 1인 지식 기업가로서 먹고 사는 길이 서서히 열립니다.

셋째, 1인 회사 연구소는 철저히 개인들 간의 상업적 협업이 이루어지는 곳이 된다.

자신의 고유성을 찾아 그것을 필살기화하는 것까지는 개인의 몫입니다. 하지만 시장화, 즉 비즈니스 모델화나 마케팅은 개인 혼자서 할 수 없는 영역입니다. 한 개인이 상대하기에 자본주의 시장은 너무 거대할뿐더러 마케팅의 경우 최근에는 경로 또한 너무도 다양해졌기 때문입니다. 그러므로 한 개인이 자신만의 고유한 필살기를 갖출 때까지는 홀로 일어서야 하지만, 일단 홀로서기에 성공하면 그때부터는 함께 해야 합니다. 그것이 1인 지식기업가로 오래 갈 수 있는 길입니다. 그런 만큼 전 1인 회사 연구소가 홀로서기를 이룬 개인들 간의 상업적 협업이 이루어지는 곳이기를 바랐습니다.

한마디로, 1인 회사 연구소는 철저히 1인 지식기업가들의 베이스캠프가 되었으면 하는 바람을 갖고 있었죠.

그리고 이와 같은 소망을 실현하고자 다음 5가지 운영상의 룰을 만들었습니다.

∷ 1인 회사 연구소 운영을 위한 5가지 룰 ∷

첫째, 연구소의 모든 일정은 무알코올로 진행한다.

개인의 고유성을 찾기 위해선 기질 탐색을 해야 합니다. 그러기 위해선 내면 작업을 해야 하는데 이 작업은 절대 술기운을 빌려서 할 수 없습니다. 게다가 1박 2일 엠티에서 술이 돌기 시작하면 내면작업이 무르익기 전에 자칫 연구원 간에 서로의 민감한 부분을 건드릴 수 있습니다. 고민 끝에 워크숍 도중에는 물론이고 엠티에서도 무알코올을 원칙으로 삼았습니다.

처음에는 알코올이 없는 엠티를 상상조차 하지 못하던 연구원들도 몇 개월 정도 지나고 나면 밤새 술을 마시지 않고 농밀한 내면 작업을 할 수 있다는 사실에 놀라고는 합니다. 게다가 맑은 정신으로 낯선 타인들과 마주앉아 가족과도 나누지 못했던 자신의 원형적인 이야기를 나누며 개인의 가장 깊은 뿌리 찾기를 경험하면 신기해합니다. 그런 식으로 2박 3일 혹은 3박 4일 엠티를 하고 나면 다들 술 없이도 얼마든지 알차게 보낼 수 있다, 딴 세상을 살다온 것 같이 특이한 경험이었다고 좋아들 합니다. 이제는 연구원들이 1인 회사 연구소만큼은 무알코올 전통을 이어가자 말해주니 다행이고 감사합니다.

둘째, 연구원들의 호칭은 이름에 '님' 자를 붙이는 것으로 통일하고 서로에게 존댓말을 쓴다.

1인 회사 연구소의 궁극적인 목표는 연구원끼리 상업적 비즈니스 모델을 만들어 협업하는 것입니다. 연구원들은 프로젝트별로 흩어 모여를 할 수 있는, 360도 유연성 있는 공동체가 됩니다. 즉 A라는 프로젝트에서 PM(Project Manager)을 맡은 연구원이 B라는 프로젝트에선 그냥 구성원이 되어 참가하며 프로젝트별로 필요에 따라 PM을 맡는 것입니다.

이를 위해선 절대적으로 나이나 학벌 혹은 심지어 선후배라는 호칭도 없애야 한다고 생각했습니다. 한국 사회에선 모든 호칭에 어찌할 수 없는 서열의식이 들어 있기 때문입니다. 그런 만큼 호형호제는 더욱 곤란했습니다. 언젠가 상업적 비즈니스를 도모하다 보면 분명 갈등에 부딪치고 격렬한 토론을 벌여야 할 텐데 그럴 때 우리 정서상 언니, 오빠 혹은 형님 등 반말하는 사이에서 각자 의견 주장은 자칫 상황을 악화시킬 수 있기 때문입니다.

다만 변경연을 가족이라 일컬으며 고향처럼 느끼는 저로서, 1인 회사 연구소가 연구원들에게 너무 딱딱한 곳이 되지 않을까 내심 미안하기도 하고 우려되기도 했습니다. 그런데 올 초 신년회 때 어느 연구원이 고향에 온 것 같다는 말에 뜬금없이 뭉클하며 고마웠습니다. 겉으로 표현하진 않지만 연구소가 따스함을 품고 있는 베이스캠프이길 바라는 마음이 큰 것 같습니다.

셋째, 연구소는 무조건 폐쇄적으로 운영한다.

올해로 1인 회사 연구소 6년차인데 연구원 모집 공지는 홍보 차원에서 작년에 딱 한 번 해보았습니다. 어차피 연구원은 원데이 워크숍이나 내면아이 과정을 마친 분들에 한해서 모집하기 때문입니다. 그런 만큼 운영은 더욱 폐쇄적으로 진행해오고 있습니다. 왜냐하면 저희 과정은 우선 내면 가장 깊은 곳으로 내려가 뿌리를 점검하는 것부터 시작하는데 그 과정을 외부에 노출한다는 것은 상상하기 어렵기 때문입니다.

비즈니스 세계에 몸담고 있던 제가 마케팅의 가장 기본 원칙을 역행하면서 연구소 운영방침을 폐쇄적으로 결정한 가장 큰 이유는, 한 개인이 기질에 맞는 필살기를 찾아 1인 기업가로 전향한다는 것은 한 사람의 삶이 변하는 엄청난 일이기 때문입니다. 반드시 자기 안으로 깊이 침잠해 들어갈 시간이 필요합니다. 그러므로 1인 회사 연구소라는 장이 필요한 분들에겐 그들이 변화를 도모하는 심연을 통과하는 시간 동안 철저히 보호막을 형성해주고 싶다는 마음으로 폐쇄성을 이어오고 있습니다. 그렇게 폐쇄적으로 운영을 하는 데도 6년째 이어지는 걸 보면 인연의 힘이란 참으로 대단한 것 같습니다.

넷째, 연구원 과정은 무조건 소수정예로 진행한다.

한 사람의 삶을 바꾸기 위해서는 본인의 간절함과 리딩하는 사람 서로의 깊은 정성이 필요합니다. 다수를 대상으로 진행할 수 없는 일인 건 분명합니다. 한편 컨설턴트로 일하면서 전 하나의 프로젝트를 가장 효율적으로 운영하려면 5인 이상은 과유불급임을 잘 알고 있습니다. 즉 프로젝트 하나당 가장 효과적인 팀 구성은 3~5인이면 충분합니다. 1인 회사 연구소의 궁극적인 목표가 1인 지식기업가들의 비즈니스 협업인 만큼 소수정예로 진행하며 진짜 1인 기업가들을 양성하고 싶었습니다.

다섯째, (때가 되면) 글로벌 벤치마킹과 접촉을 적극 시도한다.

1인 지식기업가들에게 인문고전 못지않게 중요한 또 하나 요소가 해외 사례 및 진출입니다. 왜냐하면 지금 저희가 겪고 있는 문제들을 이미 겪은 나라들도, 겪을 나라들도 많기 때문입니다. 그런가 하면 오랜 해외 생활을 통해 터득한 것들 중 하나가, 이국의 문화적 다름은 인문 고전만큼이나 개인의 차별화를 만드는 데 풍부한 원천이 될 수 있다는 사실입니다.

그런 이유로 1인 회사 연구소는 매년 일본으로 졸업여행을 갑니다. 왜냐하면 일본은 (역사적으로 많이 밉기는 하지만) 현실적으로 우리보다 20년 먼저 저성장 고령화시대를 시작하며 1인 지식기업가들에게도 눈여겨 볼 점이 많기 때문입니다. 한편 연구원들 중에는 베트남에 거주하며 원격 영상으로 과정에 참여중인 분도 있습니다. 농담 삼아 덕분에 저희 연구소가 글로벌 연구소가 되었다고 하는데 사실 진심으로 그 끈기와 열정에 감사한 마음입니다.

그러나 글로벌 프로젝트는 개인이 필살기를 쌓는 일보다 어쩌면 더 오랜 시간과 정성을 요하는 일일지도 모르겠습니다. 서두르지 않고 바닥부터 연구원들 간의 협업 모델을 서서히 쌓아 올리는 이유입니다. 언젠가 일본, 한국 그리고 베트남을 연결하는 더 큰 꿈을 일상에서 소박하게 시작할 수 있는 날이 오기를 이제는 저뿐이 아니라 저희 연구원 모두 함께 바라는 일이 되었습니다.

이상이 1인 회사 연구소를 시작할 때 설계도와 운영 지침이었습니다.

다음으로 1인 회사 연구소의 궁극적 비전이 실질적인 1인 지식기업가의 양성이었던 만큼 1년에 걸친 연구원 과정을 거치며 연구원들이 다음 세 가지 목표를 달성하기를 바랐습니다.

:: 1인 회사 연구소의 3가지 목표 ::

첫째, 잃어버린 나를 찾아서 : 비커밍 마이셀프(Becoming Myself)

저는 변경연에 오기 전까지 제 스스로를 잘 안다고 생각했습니다. 그런데 어느 날 인생이 막다른 골목에 다다른 것 같으며 앞이 캄캄해졌습니다. 그리고 바로 그 순간 저는 제가 누구인지, 도대체 왜 그토록 바쁘게 달려왔는지, 어디를 향해 가고 있는지 모든 것이 막막했습니다. 그때만 해도 제가 무엇을 좋아하는지 혹은 잘하는지 상상조차 하지 못하였습니다. 그저 궤도에서 일탈할 것 같은 불안감만이 저를 엄습했습니다.

변경연을 거쳐 에니어그램을 공부하면서 점차 진짜 나를 만나기 시작했습니다. 사회적 페르소나 뒤에 감춰진 쌩얼의 저는 엉뚱하게도 글을 쓰며 살고 싶어 하는 감성이 꽤 풍부한 아이였습니다. 내면아이와의 만남이 시작된 거죠. 이렇듯 사람들은 저마다 건강하게 성장시키지 못한 내면아이를 지닌 채 사회적 요구에 맞춰 일생을 살아가는 경우가 아주 많습니다. 특히 한국 사회처럼 사회적 시선과 그에 따른 부모님의 열망이 아이들 교육에 강하게 영향을 끼치는 사회는 더욱 그러합니다. 가정과 학교, 사회 그 어느 곳에서도 아이들에게 네가 진정 원하는 삶이 어떤 것인지 묻지 않습니다. 그 때문입니다. 30대 중반이 넘어가면서 서서히 지치기 시작합니다. 심리학에선 흔히 2차 사춘기라고들 하는데 겪어보니 1차 사춘기 때보다 더 힘들고 더 혼란합니다(특히 1차 사춘기를 상대적으로 조용히 지나갔던 이들은 더욱 그러합니다.).

1인 지식기업가의 길이란 어떤 면에서 어른으로서 홀로서기를 하는 과정과도 같습니다. 그 길은 아무도 지시하는 사람이 없지만 대신 잡아주는 이도 없기 때문입니다. 철저히 스스로 일어서야 하고, 홀로 연마해야 합니다. 필살기를 갖추어 뜻을 함께하는 동료들과 무리를 이룰 때까지는요. 그런 만큼 나를 알지 못하고선 절대 갈 수 없는 길이기도 합니다. 회사의 문을 나오고도 계속 세상에서 답을 구하면 갈 곳은 자영업 중에서도 프랜차이즈밖에 없습니다. 대한민국이 프랜차이즈 강국이 된 이유이기도 합니다.

그러므로 길을 떠나기 전 내 인생의 진짜 주인을 찾는 일. 어찌 보면 너무 당연하지만 결코 쉽지 않은 저희로서는 그래서 더욱 소중히 다뤄야 합니다. 내 중심 없이 자본주의 시장에 나오면 자칫 개인은 거대 물결에 휩쓸려가기 때문입니다.

둘째, 주체적으로 사유하며 : 씽킹 마이셀프(Thinking Myself)

내가 누구인지 어느 정도 실마리를 잡았다면 스스로 생각하는 힘을 길러야 합니다. 그런데 내 안에서 올라오는 생각이 사유인지 그저 고민인지 구분이 가질 않습니다. 고민은 아무리 해봐야 꼬리에 꼬리를 물고 머리만 아프게 만들죠.

동서남북 중 내게 맞는 방향을 잡는 방법을 터득하기 위해선 무엇보다 먼저 내게 가장 맞는 주파수를 찾아야 합니다. 이를 위해선 오랜 세월 내 안에 쌓이고 쌓인 불순물들을 먼저 제거해야 합니다. 정상적 사유를 방해하는 노폐물 혹은 감정과 결합된 습성을 제거하는 게 우선순위가 됩니다.

그런 후 나보다 앞서간 이들의 힘을 빌려 영양제를 공급해야 합니다. 과거의 사유방식으로부터 배우지 않으면 난 늘 제로에서 시작해야 하기 때문입니다. 다만 앞서간 이들 중 누구의 사유방식을 배울지 결정하려면 우선 안목을 틔우는 시간이 필요합니다. 이 자체가 벌써 머리를 쓰게 만드는 일이죠.

셋째, 자발적으로 행동하는 : 액팅 마이셀프(Acting Myself)

행동하지 않으면 아무것도 소용이 없습니다. 생각만으로 세상이 바뀌지 않습니다. 행동하는 지성은 사회만 필요한 것이 아닙니다. 오히려 개개인의 삶에 더욱 필요합니다. 머리로 행하는 생각까지는 그다지 큰 방해요인이 없습니다. 하지만 막상 실행에 옮기려면 단 하루도 제 마음대로 하기가 어렵다는 것을 금방 깨닫게 됩니다. 대략 난감해지는 순간입니다.

내 인생, 내 마음대로 하루도 바꾸지 못하다니!

하루는커녕 하루 24시간 중 단 2시간도 스스로를 위해 빼기가 결코 쉽지 않습니다. 하물며 여기에 '매일'이라는 수식어가 붙게 되면 어느새 나는 다시 주인공이 아닌 관람객의 위치로 돌아옵니다. 백 권의 책을 읽어도 한 줄을 쓰지 못하면 글쟁이가 될 수 없듯이, 아무리 그럴싸한 생각들을 품고 살아도 하루를 실행하지 못하면 늘 제자리입니다.

하루 24시간을 온전히 내 마음대로 실행할 수 있을 때, 그때 비로소 우리는 진정한 1인 지식기업가가 됩니다.

이와 같은 3가지 목표를 달성하기 위해 제가 택한 3가지 방법은 다음과 같습니다.

:: 1인 회사 연구소의 목표 달성을 위한 3가지 방법 ::

첫째, 비커밍 마이셀프(Becoming Myself) by 에니어그램

세상에는 개인의 유형 파악을 돕기 위한 많은 심리학적 도구들이 있습니다. 그중에서 제가 에니어그램을 택한 이유는 에니어그램을 제대로 깊이 있게 공부하기만 하면 단순한 유형 파악이 아닌 그 유형이 형성된 원형을 이해할 수 있기 때문입니다. 원형을 이해하는 것이 중요한 이유는 그래야 오래된 습성을 관리할 수 있기 때문입니다.

주변을 한번 살펴보시면 사람들은 누구나 자기 습성대로 살아가는 모습이 보이실 겁니다. 그런데 이 습성은 수십 년 세월을 거치며 형성된 것이기 때문에 고치기가 참 어렵습니다. 문제는 1인 지식기업가의 길에 들어서도 자신의 습성대로 살아간다는 사실입니다. 섶을 지고 불구덩이에 뛰어드는 격이죠.

그러므로 홀로서기를 위해선 무엇보다 이 습성을 '관리'해야 합니다.

관리라고 표현하는 건 완전히 다른 습성으로 바꾸는 건 거의 불가능에 가깝고, 그럴 필요까지는 없기 때문입니다. 그저 내 습성 중 1인 지식 기업가의 길을 방해하는 요소들을 정확히 파악해서 관리할 수 있으면 대성공입니다. 다만 관리 수준에 이르기 위해서도 원형을 파악해야 하는데 그게 결코 쉬운 일은 아닙니다. 제가 유럽을 오가며 나란죠 박사님께 직접 에니어그램을 공부하고 온 이유입니다.

둘째, 씽킹 마이셀프(Thinking Myself) by 인문고전 북리뷰

변경연 연구원 시절 시작한 인문고전 읽기는 지금까지 계속되고 있습니다. 아마 앞으로도 글쟁이로 살아가는 한 멈추지 않을 것 같습니다. 첫 책을 쓰면서 취미 삼아 책을 읽는 것과 '글을 쓰기 위한 책읽기'는 달라야 함을 점차 더 많이 깨달았습니다. 인문고전을 읽되 온전히 내 것으로 체화하지 못하면 글이 되지 않습니다. 스승님께서 연구원 과정에 지난한 필사를 포함시킨 이유였습니다.

다만 책을 써보니 스승님과 달리 독서 내공이 깊지 않은 사람은 여기서 한 걸음 더 나아간 북리뷰 방식이 필요하다는 사실을 깨달았습니다. 우선, 책을 읽을 때는 21세기 대한민국을 이해할 수 있는 맥락에 따라 읽어야 합니다. 무턱대고 어려운 인문고전을 집어 들면 얼마 못가서 백기를 들 수밖에 없습니다. 다음으로 각 책마다 꼭 이해해야 하는 주제를 확실히 파악해야 합니다. 그렇지 않으면 다 읽고 나서도 손에 잡히는 게 없죠. 끝으로 읽는 동안 저자와 열띤 토론을 할 수 있어야 합니다. 바로 저자의 깊은 사유를 내 것으로 체화하는 과정입니다.

이와 같은 세 가지 목표를 달성할 수 있도록 1인 회사 연구원 과정의 북리뷰는 구체화시켰습니다. 그냥 자유방임형으로 책을 읽는 것은 효과가 떨어지기 때문입니다. 저는 이 방식을 첫 책을 쓸 때까지 고수했습니다. 그리고 첫 책이 나온 뒤 방향을 미세 조정했습니다. 그냥 인문학적 취미로 책을 읽는 것과 콘텐츠 생산자가 되는 1인 지식기업가들의 책 읽기 방식은 전혀 달라야 한다는 판단입니다. 1인 지식기업가가 되기 위해 인문고전을 깊이 있게 읽어야 하는 것은 필수요소입니다. 하지만 1인 지식기업가로 입문하기 위해선 읽는 순서와 방식 모두 철저한 전략이 필요합니다. 장기적으로 볼 때 지식콘텐츠 생산자가 될 수 있는지 없는지의 갈림길이기도 합니다.

셋째, 액팅 마이셀프(Acting Myself) by 실행 워크숍

그럼에도 역시나 1인 지식기업가로 살아가기 위해선 책만 읽어선 안 됩니다. 글만으로 밥 먹고 살기는 너무도 어렵습니다. 각자만의 고유한 비즈니스 모델이 있어야 합니다. 이를 위해 1인 회사 연구원들은 책을 읽되 반드시 자신의 주력과 승부에 연결하여, 각자 비즈니스 모델 만드는 일을 게을리 하지 않습니다. 돌이켜 생각하니 이건 아마 제가 컨설턴트로 일하며 터득한 본능이었던 것 같습니다. 컨설턴트 시절 저는 결과물이 없는 컨설팅은 공허하다는 입장을 갖고 있었죠. 이 방식을 취한 이유는, 어쩌면 제 기질, 아니 무에서 시작한 제가 가장 고민했던 게 밥벌이, 즉 생존의 문제였기 때문이었던 것 같습니다. 이를 위해 저는 컨설턴트로 일하며 터득한 방식들을 인문고전과 연결하여 별개의 실행 워크숍을 만들었습니다.

1인 회사 연구소에서는 책을 읽으면 어떻게 승부 콘텐츠에 접목할지 계속 고민하고 시도합니다. 그 여정에서 필요하면 최소생존경비와 주력 일에 대한 상관관계를 끝없이 점검합니다. 최소생존경비가 현금으로 보장되면 다행이지만 그렇지 못한 경우라면 최소한의 주력 일로 생계를 꾸려가야 합니다. 그게 안 되면 절대 1인 지식기업가의 길은 걸을 수 없기 때문입니다.

이처럼 1인 지식기업가의 길은 복잡하고 지난한 길입니다. 한 사람의 인생을 바꾸는 일인데 절대 쉽고 간단할 수가 없습니다. 철저히 개인에게 맞춘 개별 전략이 필요합니다. 1인 지식기업가로 전향한 지 올해로 10년차가 되었고 1인 회사 연구소는 6년차에 접어들었습니다. 제가 만약 10년 전에 이 모든 걸 알았다면 어땠을까? 생각을 해보곤 합니다. 결국 제 스스로 삶을 만들어내야 하는 큰 흐름은 달라지지 않았겠지만 아마 아무것도 몰라 헤매던 시간들과 그에 따라 마음 졸이며 잠 못 자던 불안한 날들은 조금 덜 했을 것 같습니다. 그러므로 이 글을 읽는 모든 분들께 다시 한 번 말씀 드리고 싶습니다.

"1인 지식기업가의 길, 결코 쉽지 않습니다. 그러나 절대 불가능하지도 않습니다. 무엇보다 그 열쇠는 여러분 안에 있습니다."

나는 다른 사람과 똑같은 사람이 되고 싶지 않으며, 심지어는 작년의 나와도 똑같은 사람이 되고 싶지 않다.

: 아니타 로딕 :

1인 지식기업가에게
진짜 중요한 것들

2012년 1인 지식기업가로 전향한 지 4년차에 첫 책을 내고, 5년차 접어들면서 1인 지식기업가로 활동을 시작했습니다. 이 시기 1인 회사 연구소를 런칭한 것이 가장 큰 일이었습니다. 더불어 서울산업진흥원 창업 닥터로도 활동했습니다.

스승님은 살아생전 1인 기업가에 대한 정의를 '스스로 고용하는 자들'이라고 하셨습니다. 스스로 고용한 자들이라고 하면 사실 그 경계는 창업이나 프리랜서, 자영업까지 포함하는 광범위한 영역입니다. 스승님께서 중요하게 생각하신 건, 창업이나 프리랜서의 구분이 아닌 '스스로 좋아하는 일을 찾아 그것으로 밥을 해결하는 자'라는 철학이었습니다. 저의 경우, 스승님의 기본 철학에 뿌리를 두고, 첫 책 출간 후 시작한 외부 활동을 통하여 스승님의 사상을 현실에 접목하며 조금 더 구체화하였습니다. 서울산업진흥원에서 창업 닥터로 활동한 것이 그 구체화 작업에 큰 도움을 주었습니다.

제가 첫 책을 출간했던 그 즈음, 한국 사회는 창업 열풍이 불기 시작했습니다. 서서히 더 심각해지는 청년실업과 중년층 명퇴 문제를 해결하기 위해 정부는 다양한 지원책을 내놓으며 창업 센터를 운영했습니다. 그 일환으로 SBA 서울산업진흥원에서는 창업 닥터를 모집했습니다. 그때까지만 해도 저 역시 제가 추구하는 1인 지식기업가의 길과 창업이 다르지 않다고 생각했습니다. 그래서 한 분야에서 10년 이상의 전문성을 쌓은 사람들을 대상으로 선발하는 창업 닥터에 지원했습니다.

선발된 창업 닥터들은 일정기간 창업 닥터 교육을 이수합니다. 교육은 다 함께 대강당에 모여 듣는 강의가 있었고, 소그룹으로 나뉘어 모의 창업을 하는 워크숍으로 진행됩니다. 교육과정을 무사히 이수하면 수료증을 받습니다(한국 정부기간은 교육관리에 참으로 철저합니다. 개인별, 팀별 점수는 물론이고 심지어 출석률까지 체크하니까요.). 그런 뒤 각자 전문 분야에 따라 배치됩니다. 산업진흥원 주관 사업에 참여한 청년 창업가들과 만나기도 하고, 청년 창업가 스스로 우리 약력을 살펴보고 창업 멘토로 지목하기도 합니다. 저의 경우, 교육기간 포함 2~3년 정도 활동했던 것 같습니다.

돌이켜보면 저는 그 시작부터 오래가지 못할 걸 예감했던 것 같습니다. 합격 후 교육을 받으러 가던 첫날이 지금도 기억에 생생합니다. 모처럼 옷장 깊숙이 모셔두었던 정장을 꺼내 입고 약간은 긴장된 마음으로 대강당에 들어서는 순간이었습니다.

'아, 숨 막혀. 돌아갈까?'

그랬습니다. 오리엔테이션이 진행되는 대강당은 양쪽 창문 전부를 두꺼운 검은 커튼으로 꽁꽁 가려 놓았습니다. 창밖은 예쁜 꽃들이 흐드러지는 계절이었는데 말이죠. 거기다 뒷모습만 봐서는 누가 누구인지 구분이 가지 않을 정도로 거의 비슷한 짙은 감색 양복을 입은 중장년 남성들이 근엄한 분위기로 앉아 있습니다. 아무리 찾아봐도 여자들은 거의 보이지 않습니다. 문득 예전에 컨설턴트로 일할 때 진행했던 정부기관 프로젝트가 떠오르며 저도 모르게 발걸음이 무거워집니다.

이윽고 대강당에서의 오리엔테이션이 끝나고 전문 분야에 따라 그룹을 나눠 자기소개를 하는 시간이 되었습니다. 한국에서 유명한 기업의 이름이 다 등장합니다. 창업 닥터들인데 개인 창업 경험자나 컨설턴트 출신은 눈 씻고 봐도 찾기 힘듭니다. 대기업 임직원 출신이 대부분입니다. 우리나라 경제가 대기업 위주로 성장했음을 다시 한 번 상기하는 순간이었습니다. 운 좋게 저희 그룹 지도 교수가 창업 닥터 프로그램 전체를 기획한, 베테랑이었습니다. 그래서인지 시작 말씀부터 돌직구를 날립니다.

"여러분처럼 전문가들 모시고 왜 교육하는지 아세요? 목에서 힘 빼시라고 하는 겁니다. 제발 청년 창업가들 만나면 야단 좀 치지 마세요. 여러분은 더 이상 대기업 임직원이 아닙니다. 그리고 창업 닥터가 되었다고 일감이 저절로 하늘에서 떨어지지 않습니다. 처음 몇 번은 연결해드리겠지만 이후부턴 여러분들이 직접 발로 뛰어야 합니다."

순간 분위기가 싸늘해집니다.

그곳에 모인 남성분들은 제가 지난 몇 년간 방향 전환을 위해 고민하고 부딪혔던 그 출발점에 선 분들이었습니다. 그런 만큼 저의 경우, 시간이 흐를수록 창업 닥터로 활동하는 것보다 그 곳에 모인 분들을 보면서 그동안 1인 기업가에 대해 공부한 것을 적용하며 구체화하는 일이 더 중요해졌습니다. 대다수 남성분들은 경영지도사 자격증을 취득했거나 과정을 밟는 중이었습니다. 석박사 학위든 자격증이든 뭔가 하나라도 더 따놓아야 된다는 공통된 생각들입니다. 심지어 이런저런 자격증 기수를 따져 '형님, 아우' 하며 관계를 형성합니다.

그러나 창업 닥터라는 타이틀은 물론이고 기타 자격증들도 그 자체로는 밥이 되지 않는다는 것을 사람들은 모르는 모양입니다. 남성분들은 뭔가 활동을 하고 있다는 안도감과 소속감은 얻을 수 있을지 몰라도, 실질적으로 돈을 버는 분들은 극소수였습니다. 오히려 시간이 갈수록 자격증을 취득하는 사람들이 늘어나 시장은 점점 더 레드오션이 될 뿐이었습니다. 그러므로 전 창업 닥터로 활동하며 1인 기업가로 활동하는 교수진들, 창업 닥터로 성공적으로 자리매김한 선배들, 아직 길을 잡지 못한 동료들 그리고 제가 담당했던 청년 창업가 등 수많은 분들을 만나며 그동안 공부하고 저 혼자 경험한 1인 기업가의 로드맵을 한층 더 구체화했습니다. 다음은 창업 닥터로 활동하며 만난 분들을 통해 다시 한 번 확인한 사실들입니다.

:: 1인 지식기업가가 되기 위해서 정말 중요한 것들 ::

첫째, 1인 지식기업가는 콘텐츠 생산자로 의식전환이 필요하다.

대기업 임직원 출신들치고 레드오션에 뛰어들지 말고, 각자 고유한 블루오션을 창출해야 한다는 사실을 모르는 분은 없습니다. 지금까지 작게는 수십억에서 크게는 수백억까지 연매출을 올리며 한국 경제를 선진화시킨 주역들이기도 합니다. 그러나 막상 자신의 일은 어디서 어떻게 시작해야 할지 캄캄합니다. 그래서 남들처럼 대학원에서 석박사 공부를 하거나 자격증 취득에 집중합니다. 남들이 하니까 그거라도 해야 소속감이 생기고 그래야 불안하지 않습니다. 하지만 막연한 석박사 공부나 자격증 취득은 그 자체로 밥이 되지 않습니다. 시장은 구체적인 콘텐츠에만 돈을 지불하기 때문입니다. 대신 나만의 콘텐츠가 확실할 때, 그 가치를 더하기 위한 석박사 공부나 자격증은 확실히 도움이 됩니다. 1인 기업가의 길에선 학위나 자격증 자체가 밥이 되고, 목표가 되지 않습니다. 그러므로 더는 주객이 전도된 공부는 하면 안 되겠습니다.

1인 기업가의 길을 가기 위해선 막연한 스펙 쌓기가 아닌 명확한 지식콘텐츠를 만들어야 한다는 의식전환. 현장에 뛰어들어 확인한 첫 번째 사실입니다.

둘째, 1인 지식기업가들은 부가가치를 생성하는 창직(Job Creation)을 해야 한다.

제가 창업 닥터를 지원할 때만 해도 1인 지식기업가는 여전히 일반화되지 않은 일이었습니다. 오히려 사회적으로는 프리랜서, 자영업 혹은 창업이 청년 실업이나 중년 퇴사자들의 대안이었습니다. 그러므로 저 역시 창업 닥터로 활동하는 것이 제가 가고자 하는 1인 기업가의 길과 크게 다르지 않다고 생각했습니다.

하지만 수많은 예비 창업가들을 만나면서 창업에 대해 다시 생각하게 되었습니다. 창업을 하려는 대다수 분들이 새로운 아이템을 개발하기보다는 이미 시장에서 통용되고 있는 기존 아이템으로 창업을 하려고 합니다. 물론 그분들 입장에선 검증된 아이템 혹은 안정된 수익모델이라는 외면하기 어려운 이유가 있겠지만 제가 생각할 땐 그래서는 결국 경쟁이 심화되고 끝끝내는 제살 깎아먹기인 가격 경쟁에 돌입할 수밖에 없습니다. 과연 이렇게 시작한 창업이 몇 개나 성공할 수 있으며, 성공해도 몇 년이나 버틸지 참으로 의문스러웠습니다.

그때 떠오른 인물이 바로 스티브 잡스였습니다. 잡스는 기술과 유저경험을 결합시킨 아이템으로 전 세계에서 돌풍을 일으켰습니다. 그런

그의 출발점은 비록 타인의 콘텐츠였으나 그는 그 콘텐츠에 남이 흉내 낼 수 없는 놀라운 독창성을 부여하며 온리 원을 만들어냈습니다. 그저 기존에 있는 아이템을 들고 그대로 시장으로 진입하는 게 아니라 창조성을 덧입혀 부가가치를 끌어올렸죠. '창직(Job Creation)'이란 개념도 잡스적 접근과 다를 게 하나도 없는 뜻이었습니다.

한 개인이 자신의 일을 도모할 때 프리랜서, 자영업, 창업 중 어느 길을 갈지 정하는 일은 그리 중요치 않습니다. 이보다는 도리어 어떤 지식콘텐츠로 나만의 일을 만들어낼 수 있을지, 즉 창직을 구상하는 것이 먼저입니다. 그런 후, 거기에 부가가치가 더해지면 프리랜서라면 개인 브랜딩 파워가 강력해지고, 비즈니스 모델화하면 창업이 됩니다. 어느 쪽이든 시작은 1인 기업가로서의 창직입니다.

결국 프리랜서나 창업은 콘텐츠를 담아내는 그릇일 뿐, 정작 중요한 것은 부가가치를 만들어내는 창직이라는 사실. 창업 닥터가 되어 현장에서 확인한 두 번째 사실이었습니다.

셋째, 1인 지식기업가는 시장성 있는 필살기여야 셀프 고용이 가능하다.

제가 창업 닥터로 활동하며 확인한 세 번째 중요한 것이 있습니다. 필살기는 1인 기업가의 세계에 데뷔하기 위한 본선 티켓일 뿐, 그 자체가 밥이 되는 것은 아니라는 사실입니다. 사실 창업 닥터가 된 남성분들은 대개 한 분야에서 10년 이상 전문성을 쌓으며 필살기 하나쯤은 갖추고 계신 분들이었습니다. 다만 문제는 이분들이 지니고 있는 전문성이 1인 기업가의 길에선 그 자체로 밥이 되는 경우가 드물다는 것입니다. 그러므로 이런 분들이 1인 기업가로 살아가기 위해선 필살기를 시장에 맞게 응용하거나 다른 아이템을 융합하여 시장성을 높여야 합니다. 〈회사 내 필살기=시장에서 필살기〉가 아니기 때문입니다.

그러므로 얼핏 필살기만 갖추면 크게 문제되지 않을 것 같다는 생각을 내려놓고 과연 나의 필살기가 시장성을 갖추고 있는지 세심히 살펴봐야 한다는 사실. 창업 닥터로 활동하며 확인한 세 번째 사실이었습니다.

저는 창업 닥터로 활동하면서 저 혼자만의 1인 기업가 세상이 아닌 보다 큰 세상으로 나온 것 같았습니다. 그러면서 새로 확장되는 것들도 있고, 절대 간과해선 안 되는 것들도 확인했습니다. 그러면서 자연스레 이 모든 사실들을 범용화해보고 싶다는 생각이 들었습니다. 한편 1인 회사 연구소 과정을 마친 연구원들은 몇 년 전 제가 그랬던 것처럼 심연통과를 위해 애쓰는 날들이 이어졌습니다. 이론의 범용화와 연구원들의 홀로서기의 연결고리를 고민하기 시작한 이유였습니다.

스승께서 나를 기르셨듯

글쓰기는 매번 지도 없이 떠나는 새로운 여행이다.

: 나탈리 골드버그 :

회사를 그만두고 변경연을 시작하면서 저는 1년에 2천 시간씩 몰입하여 8천 시간을 채우던 4년차에 첫 책을 출간했습니다. 그런데 1인 회사 연구원들 중에는 회사 생활을 병행하는 분들이 많습니다. 퇴사 후를 위해 1년에 약 1천 시간씩 준비하는 셈이죠. 만일 회사를 다니는 동안 4~6천 시간을 준비할 수 있다면 1인 기업가로 전환할 때 연착륙 가능성이 높다고 생각합니다.

문제는 필살기가 무르익기 위해서는 1만 시간쯤 투입해야 하는데 이들이 연구원 과정에서 몰입한 시간이 겨우 1천 시간에 불과하다는 사실입니다. 1인 기업가로 전향하기 위해선 최소 첫 눈을 뭉칠 때까지 3천 시간 정도는 묵묵히 밀고 나가야 합니다. 이대로 2년차에 접어들면 자칫 과거 습성에 끌려 원점으로 돌아갈 가능성이 높습니다. 특히 회사를 다니며 전향을 준비하는 분들의 경우는, 회사를 다닐 때 준비를 시작한 건 참으로 바람직한데, 아직 붙잡을 수 있는 회사라는 끈이 있어서 바닥까지 절박하지는 않습니다.

무엇보다 1인 지식기업가가 되기 위해선 책이 필요합니다. 그리고 첫 책이 나올 때까지 3~4천 시간은 절대 힘을 빼거나 멈추면 안 됩니다. 첫 책은 온전히 자기 안에서 다진 모든 것들이 하나의 필살기가 되어 세상에 나오는 것이기 때문에 일단 끝을 볼 때까지 한 번쯤은 죽을 힘을 다해 고비를 넘어야 합니다. 자칫 중간에서 멈추면 다시 원점에서 출발해야 합니다. 그렇게 한두 번 멈추기 시작하면 결국 1인 기업가의 길에서 영영 멀어질 수밖에 없습니다.

'이대로 끝나면 안 된다. 기껏 찾은 승부 콘텐츠를 어떻게든 살려가야 한다.'

1인 회사 연구원 과정을 마치고 뭔가 뿌듯해하는 연구원들을 보는 제 마음이 불안했던 이유였습니다.

한 사람의 기질에 맞는 승부 콘텐츠를 찾는 일은 결코 쉬운 일이 아닙니다. 하물며 그 방향성을 정하고 일상에서 실행 시스템을 구축하는 일은 연구원도 저도 함께 최선을 다해야 하는 일입니다. 그런데 어렵게 1년을 보낸 뒤 2년차부터 조금씩 늘어지며 다시 예전으로 회귀한다면 이보다 안타까운 일도 없습니다. 작가의 길을 미루고 1인 회사 연구원 과정을 시작한 저로서도 보람을 찾을 수 없는 셈이죠.

그러던 어느 날, 창업 닥터들끼리 모의 창업 워크숍을 진행하던 중 잠시 쉬는 시간을 맞았습니다. 휴식은 나이와 무관하게 모두가 기다리는 시간 같습니다. 못 보던 며칠간의 이야기를 쉴 새 없이 쏟아냅니다.

> 창업 닥터 A : (의기양양한 표정으로) 내가 어제 동창 녀석을 만났는데 그 녀석이 자기네 회사에 강의를 오라고 하네. 아마 이런 식으로 돌면, 강사로 먹고 살 수 있을 것 같아.
>
> 창업 닥터 B : (세상 다 알고 있다는 표정으로 손사래를 치며) 무슨. 그거 다 소용없어. 처음에 한번 그냥 인사로 그러는 거야. 인사. 그보단 김 사장, 당신 책 있어?
>
> 창업 닥터 A : 아, 책이야 있지. 책 없는 사람이 있어?
>
> 창업 닥터 B : 이런, 아직 멀었군, 멀었어. 읽는 책 말고, 당신이 낸 책 있냐고. 요즘은 그런 거 없으면 강의도 못 다녀. 세상이 달라졌다니까.

그렇습니다. 창업 닥터로 선발된 대기업 출신 아저씨들이 모여 나누는 대화가 이러했습니다. 한국에서 책 쓰기 프로그램 열풍이 분 이유

중 하나일 듯합니다. 1인 기업 시장에 나가면 좋은 스펙을 지닌 고만고만한 부장님들이 너무 많습니다. 부장님들도 이를 잘 알고 있고, 그래서 자신의 개성을 드러낼 수 있는 가장 좋은 방법으로 책을 생각해 냅니다.

첫 책을 내기 위해 전력 질주했던 저로서는 우리 연구원들 역시 1인 기업가로 홀로서려면 무엇보다 책이 필요하다는 사실을 현장에서 다시 한 번 확인했습니다. 그러나 아직 단독집필이 요원한 연구원들이 과연 회사를 다니며 3~4천 시간을 꾸준히 읽고 쓰기를 지속할지 염려스러웠습니다.

'어쩌지? 이 시간적 갭을 어떻게들 버티려나?'

방법은 하나, 함께 책을 쓰는 일이었습니다.

그런데 공저라는 단어와 함께 강한 거부감이 들더군요. 공저를 한 번도 성공하지 못한 트라우마 때문이겠죠. 제게 공저는 시간은 시간대로 들이면서 결국 결과물은 만들지 못한 경험 가운데 하나였습니다. 비록 그 과정에서 배운 것이 많기는 합니다. 그러나 단독집필이 가능한 저로서는 필요성이 떨어지는 일인데다 굳이 같은 어려움을 반복해서 겪고 싶지는 않았습니다. 책을 쓴다는 것은 엄청난 집중력과 시간을 요하는 일인 만큼, 일단 공저를 시작하면 그 기간 동안 단독집필은 미뤄야 합니다. 아무리 생각해도 내키지 않았습니다.

그러다 창업 닥터 선배들을 만나며 소수이긴 하지만 1인 기업가 전향에 성공한 분들을 만나게 되었습니다. 그분들과 이야기를 나누다 보니 정도와 시간의 차이는 있지만 제가 걸은 여정을 그분들도 똑같이 거쳤다는 사실을 알게 되었습니다. 그래서 제가 체계화한 1인 기업가 로드맵이 과연 범용화가 가능한지 인터뷰를 통해 확인해보고 싶었습니다. 그리고 연이은 생각, 만일 이런 인터뷰 집이라면 1인 회사 연구원들과 공저를 해도 어렵지 않게 결과물을 만들 수 있겠다는 아이디어가 퍼뜩 떠올랐습니다.

'그래. 인터뷰 모음집이라면 무리는 없을 거야. 이게 결과물이 안 나올 이유가 없잖아. 이걸로 한번 해보자.'

그러나 출판사와 담당 편집장님, 저를 포함 공저자 4명, 그리고 인터뷰이 9명까지…… 이렇게 많은 사람들의 입장과 의견을 한 권의 책에 반영하는 일이 얼마나 어려운 일인지요. 제가 이 일을 왜 시작했는지 수도 없이 후회했습니다.

공저를 대하는 제 목표는 오직 하나, 출간이었습니다. 그래서 시작부터 기한을 정해놓고 정신없이 연구원들을 독려하며 밀어붙였습니다. 그래서 결국 2014~16년에 걸쳐 1년에 한 권씩 〈1인 기업 남성편 : 평생 현역으로 사는 법〉, 〈1인 기업 여성편 : 홀로서기 성공 스토리〉, 〈1인 회사 청년편〉 3권을 출간했습니다. 그러나 역시 공저는 참 많이 부대끼며 힘들었고, 힘든 만큼 생각도 배움도 많았습니다. 결국 3년간 3권의 공저 프로젝트를 끝내며 전 다음 세 가지 결론에 도달했습니다.

첫째, 1인 지식기업가로 인생전환 로드맵은 일반화가 가능하다.

무엇보다 가장 큰 수확은 제가 경험하고 책으로 쓴 1인 지식기업가의 로드맵이 다른 분들도 인생 전환기에 한 번쯤 거치는 길임을 확인했다는 점입니다. 개인에 따라 정도와 시간은 달랐지만 누구나 제가 책 〈1인 회사〉에 정리하고 체계화한 로드맵을 비껴가지는 않았습니다. 즉 인생 전환은 한 방에 해결하는 지름길이 있는 것이 아니고 각자 기질에 맞게 전략적 로드맵을 통해 가야 하는 길임을 남성과 여성 심지어 청년들의 사례를 통해 광범위하게 확인할 수 있었습니다. 게다가 이 여정은 지금까지 1인 회사 연구소를 운영하며 연구원들을 통해 더욱 확신하게 되었습니다.

둘째, 책은 출간이 전부가 아니다.

처음 공저를 시작할 때 제 목표는 오직 하나, 출간이었습니다. 그래서 공저를 시작할 때 아예 데드라인을 정해놓고 공저자들을 독려했습니다. 그래서 무사히 1년에 한 권씩 출간은 했지만 막상 책을 내놓고 보니 그게 전부가 아니었습니다.

데드라인을 정해놓고 작업을 하니 일단 추가로 공부할 시간이 부족했습니다. 게다가 정해진 시간 안에 하나의 톤으로 된 원고를 완성해야 하니, 아무래도 원고에서 제 목소리가 주를 이룰 수밖에 없었습니다. 역시나 책 쓰기는 시간이 너무 늘어져도 안 되지만, 너무 촉박해도 안 된다는 사실, 다시 한 번 깨달았습니다. 가시적인 결과물은 만들었지만 아쉬움이 많이 남았습니다.

현재 4번째 공저에 도전하고 있는 중입니다. 이번에는 집필 시작 전 최소 6개월 이상 공부하는 시간을 가졌습니다. 데드라인도 여차하면 늦추겠다는 생각으로 정해놓고 한 달에 한 번 기획회의를 거치며 각자 공부한 걸 나누는 브레인스토밍 시간도 마련했습니다. 끝으로 집필 시작 후에도 가능한 한 공저자들이 충분히 헤맬 시간도 가져보았습니다. 하지만 역시 공저는 단독집필보다 기본적으로 여러 사람이 모여 하는 작업인 만큼 부대낌이 없을 수 없고 그래서 어렵습니다. 매번 어렵지만 그래서 매번 배우게 되는 것 같습니다.

셋째, 1인 기업가들의 협업은 절대적으로 인간 이해가 바탕이 되어야 한다.

공저를 진행하면서 전 왜 대다수 조직에서 수직명령체계를 채택하는지 알 것 같았습니다. 사람들은 전부 다릅니다. 그래서 함께 살기 위해선 서로 이해하고 타협하며 조화를 이루어야 합니다. 이 사실을 모르는 사람은 아마 없을 것 같습니다.

하지만 현실에서 막상 함께 일을 시작하면 사람들은 누구나 나도 모르는 사이 내 주장을 하게 됩니다. 문제는 내가 그런다는 사실을 미처 깨닫지 못하는 경우가 많다는 사실입니다. 사람들이 모인 곳엔 잡음이 끊이질 않는 이유입니다. 그런데 사람들 기질에 따라 갈등을 표출하는 태도나 해결하는 방식 또한 천차만별입니다. 그러므로 사람과 사람이 만나 무언가 일을 도모할 때 서로 상처받지 않고 일을 처리하기는 굉장히 어렵습니다. 게다가 이런 식으로 상대방을 설득하기 위해 토론하고 타협하려면 때론 일에 투자하는 시간보다 사람들과 부대끼는 시간과 에너지가 더 많이 들어가는 경우가 허다합니다. 이것이 대개의 조직들이 (옳고 그름을 떠나서) 다양성이나 혁신을 포기하면서까지 수직명령체계를 이어가는 이유 중 하나일 듯합니다.

그러나 1인 기업가들끼리 모여 협업을 할 때 수직명령체계는 불가능합니다. 비록 프로젝트별로 한 사람의 프로젝트 매니저가 있긴 하지만, 그(녀)의 말에 절대복종은 없습니다. 각자 자신들의 이해관계에 따라 오늘 굳게 한 약속도 내일 흔들릴 수 있습니다. 문제는 그러다 보면 한두 사람에 의해 전체 프로젝트가 무산될 위기가 자주 찾아온다는 점입니다. 매번 공저를 진행할 때마다 머리가 너무 지끈거리고 속이 새카맣게 타 들어가는 이유입니다.

그래서 공저 3권을 진행하며 사람에 대한 공부를 더 해야 한다고 생각했습니다. 1인 기업가로 홀로서기 위해서 나를 아는 것이 필수였다면, 전향 후 협업을 도모할 땐 타인을 이해하는 것이 필수입니다. 그렇지 않으면 (내가 타인에게 상처를 줄 수도 있다는 사실은 깨닫지 못한 채) 매번 타인에게 상처받았다고 여기는 일이 반복될 뿐이기 때문입니다. 이렇게는 사람과 사람이 모여 긍정의 시너지를 내기 어렵습니다. 나와 당신이 만나 어떻게 더 큰 우리로 발전해 갈지, 거기에 1인 기업가들의 또 다른 성공 열쇠가 있다는 것, 협업의 시작이라 할 수 있는 공저를 통해 뼈저리게 깨달았습니다. 그리하여 저는 더 큰 우리의 세상을 위해 결국 목발을 짚고 유럽으로 공부를 하러 다녀오게 되었습니다.

나를 찾기 위해
유럽으로

거기에는 지도나 설명서도 없다. 열정이 곧 안내자다. 도전에 직면하게 되면 본능이 어떻게 대처하라고 말해준다.

: 아니타 로딕 :

처음 발목에 이상이 생긴 것은 2014년이었습니다. 처음엔 그저 걷는 것이 불편한 정도여서 며칠 쉬면 낫겠지 싶었습니다. 그러다 며칠이 지나도 통증이 가라앉질 않아서 동네 한의원에서 침을 맞았지만 차도가 없어 동네 정형외과를 돌다 보니 1년이 훌쩍 지났습니다. 중간중간 도수치료며 물리치료까지 다양한 치료를 받았습니다만, 어떻게 해도 낫질 않았습니다. 그러다 2015년 가을 종합병원에서 수술 판정을 받았습니다.

마침 그 시기는 1인 기업가 6년차였던 2014년부터 7년차인 2015년까지였는데, 다리는 불편했지만 외부 활동을 멈추지 않았습니다. 멈추기는커녕 1인 회사 연구소 활동은 물론이고 외부 강의까지 일정 모두를 그대로 소화했습니다. 거기다 국내 에니어그램 연구소에서 지도자 과정도 듣고 공저 프로그램도 진행하고 있었죠. 그러나 에니어그램 수업을 들으면 들을수록 해소되지 않은 갈증이 있었습니다. 공저 그룹에서는 조율하기 어려운 인간관계 문제로 부대낌을 느끼고 있었습니다. 이 두 문제가 스파크를 일으키며 제 마음을 조급하게 만들었습니다. 급기야 어느 날은 에니어그램 해외 사이트를 뒤적이고 있는 저를 발견했습니다. 원서로 본 에니어그램은 분명 제가 번역서나 국내 프로그램을 통해 배운 것보다 훨씬 깊은 내용을 담고 있었습니다.

그러던 어느 날 고대 에니어그램을 현대화한 나란죠 박사님께서 아직 생존해 계시다는 사실을 알게 되었습니다. 찾아보니 그분이 직접 워크숍을 진행하기까지 합니다! 그 사실을 알게 된 순간 제 머릿속엔 언젠가 꼭 유럽으로 가야 한다는 생각뿐이었습니다. 처음 에니어그램 공부를 시작할 때도 나란죠 박사님께서 창시자인 것은 알았지만, 창시자란 어감이 주는 무게를 감안하면 고인이시지 않을까 지레짐작했습니다. 그런데 아직 그분이 살아계시는 것은 물론이요 직접 워크숍까지 진행한다니! 어린 날 시드니에서 힘겹게 영어를 터득한 것이 마치 이 순간을 예비한 것 같았습니다. 그분께 다녀오면 이미 저와 같이 에니어그램에 관심 많은 연구원들에게 유럽 정통 에니어그램을 전하여 함께 에니어그램 연구소도 만들 수 있을 것 같다는 희미한 희망도 엿보았습니다. 그런데 문제는 2015년 당시 나란죠 박사님은 이미 85세의 고령이셨다는 사실입니다.

'음, 한시가 급하군.'

워크숍을 자세히 살펴보니 2년에 한 번씩 한 사이클을 돕니다. 그러니까 2015년 가을에 시작하는 1단계를 놓치면 2017년까지 기다려야 하는데 그때는 박사님께서 87살이 되십니다. 아무리 백세 시대라지만 불안합니다. 무슨 일이 있어도 2015년 사이클에 합류해야 합니다. 그런데 이 중요한 순간에 발목이 너무 심하게 돌아 정상 보행이 불가능해졌고, 종합병원에서는 수술밖에 치료법이 없다고 엄포를 놓았죠.

'어쩌지? 이대로 포기할 순 없는데.'

고민은 길지 않았습니다. 어차피 수술을 해야 한다면 몇 달 늦춘다고 크게 문제될 거 없다는 아주 무식한 결론을 내렸습니다. 대신 그냥은 걸을 수가 없으니 반 깁스를 하고 목발을 짚고 가는 걸로 결정했습니다. 하지만 막상 공항에서 짐을 끌고 양손에 목발을 짚을 수 없으니 한쪽 목발은 엄마한테 건네는데 순간 저도 모르게 울컥합니다. 그때 처음으로 '내가 왜 이렇게까지 하는 거지?' 살짝 인생에 대해 화가 나기도 했습니다.

"기왕 다녀오기로 결정했으니 마음 단단히 먹고 다녀와."

목발 하나를 거두고 대신 가방을 손에 쥐어주는 엄마 말씀입니다. 혼자 시드니에서 공부할 때 제가 약해질까 봐 절대 제 앞에선 눈물을 보이지 않던 엄마다운 배웅입니다. 그렇게 한 손엔 목발을 짚고, 한 손으로 가방을 끌며 프랑크프루트 공항에 도착하여 1박을 하고 다음날 뮌헨까지 고속 열차로 이동한 후 다시 기차 타고 펜츠버그 역에 내렸습니다. 그런데 워낙 남부의 작은 역이라 그런지 독일 도착 후 처음으로 영어가 통하지 않는 상황에 닥쳤는데 택시마저 보이지 않습니다. 나중에 알고 보니 그 동네 상업용 택시는 총 6대뿐이었습니다(흥미로운 건 그 중 1대는 개인택시고, 나머지는 각각 2대, 3대씩 회사에서 운영한다고 합니다. 우리나라에선 보기 드문 스몰 비즈니스인 셈이죠.). 서울에서 뮌헨까지보다 마지막 펜츠버그에서 더 진땀을 빼고 가까스로 택시를 타고 한참을 산 속으로 들어갔습니다.

얼마나 달렸을까요. 이윽고 눈앞에 숲 속의 나무집 같은 곳이 나옵니다. 지스트 센터였습니다.

그렇게 시작한 유럽 에니어그램 공부는 제 인생에서 또 하나 커다란 전환점이 되었습니다. 우선 프로그램 자체가 매력적이었습니다. 아침에 일어나 밥 먹기 전 온 몸의 세포를 일깨우는 '무브먼트'를 진행합니다. 아직 잠이 덜 깨서 부스스한 모습들이긴 하지만 음악에 맞춰 때론 신나게 때론 조용히 몸을 일깨우면 아침 식사는 정말이지 꿀맛 같습니다! 아침 먹고는 대강당에 모여 명상을 시작합니다. 대강당 바닥까지 내려오는 커다란 유리창을 통해 아침 햇살이 비추고 숲 내음이 스며드는 가운데 바닥에 띄엄띄엄 앉아 명상을 하노라면 그동안 마음 부대끼며 살아온 모든 시간들이 저절로 제 안에서 떠나기 시작합니다. 게다가 명상 또한 단계에 따라 위빠사나, 티벳 그리고 젠 마스터까지 동양의 다양한 명상을 소개해줍니다. 명상복까지 갖춰 입고 저보다 허리가 더 꼿꼿한 유럽 친구들을 보며 확실히 명상이 유럽에서 열풍인 걸 확인할 수 있었습니다. 명상이 끝나면 그 자리에서 에니어그램 이론 공부를 합니다. 명상 때보다 조금 더 선명해진 햇살과 함께 바닥이든 의자든 각자 편한 곳에 앉아서, 원하면 언제든 질문을 던지는 아주 화기애애한 공부시간입니다.

그러나 즐거움은 여기까지입니다. 점심을 먹으면 이윽고 모두가 두려워하는 공포의 시간이 돌아옵니다. 이때부터는 영어, 불어, 독일어 3개 그룹으로 나누어 진행하는 스몰그룹 워크숍과 둘씩 짝을 지어 테라피스트 훈련을 하는 1:1 테라피스트 트레이닝 시간이 이어졌습니다. 나란죠 박사님께서 좋은 테라피스트는 어떤 이들인지에 대해 들려주신 수많은 주옥같은 이야기들 중 가장 인상에 남은 두 가지 말씀이 있습니다.

첫째, 테라피스트는 미움 받을 용기가 있어야 한다.

모든 상담 심리 작업이 그러하겠지만 에니어그램 작업 역시 외부로 향한 시선을 안으로 돌려세우기 위해서는 어느 순간 자신의 고착을 정면으로 마주하지 않을 수 없습니다. 그런데 이 과정에서 정도의 차이는 있지만 대개 내담자들은 강렬한 거부 반응을 보이는 경우가 많습니다. 그리고 유형에 따라 그 거부 반응은 상담자를 향해 공격성을 띠거나 정서적 공격을 가하는 경우가 많습니다.

에니어그램 테라피스트가 된다는 것은 누군가에게 거울을 비춰주는 것과 마찬가지입니다. 다만 그 거울은 화장 곱게 한 예쁜 얼굴이 아니라 있는 그대로의 민낯이거나 때론 지금까지 혼자는 볼 수 없던 내면의 얼굴까지도 볼 수 있게 해줘야 합니다. 타인에게 미움을 받거나 때론 정서적 공격에 노출되더라도 누군가 도움이 필요한 이들을 진심으로 성장의 길로 안내하겠다는 굳은 각오가 없이는 갈 수 없는 길이라는 박사님 말씀, 한국에 돌아와 현장에서 작업을 하면 할수록 더 자주 떠오르고 더 깊이 되새기게 되는 말씀입니다.

둘째, 테라피스트는 자기 작업이 가능한 한 바닥까지 되어 있어야 한다.

그러므로 테라피스트는 절대적으로 자기 작업이 바닥까지 되어 있지 않으면 안 된다고 하셨습니다. 내 안이 불순물로 가득 차 뿌연 상태에선 절대 내담자에게 맑은 거울을 보여줄 수 없기 때문이죠. 자칫 내담자를 가르치려 들거나 반대로 내담자에게 끌려갈 수도 있습니다. 심한 경우, 무엇보다 테라피스트 스스로 내담자와의 작업을 견뎌내지 못하고 내면이 무너질 수 있기에 테라피스트가 되기 위해선 무엇보다 먼저 자기 자신의 작업이 바닥까지 철저히 되어야 한다는 사실, 현장에서 작업을 진행해보면 무슨 의미인지 뼛속 깊이 이해되는 말씀입니다.

유럽에서 만난 워크숍은 상상을 초월하는 과정이었습니다. 나란죠 박사님은 에니어그램을 현대화하기 전에, 펄스 박사님을 도와 게슈탈트 심리 치료법을 고안한 정신과 의사이기도 합니다. 실제로 그분의 워크숍은 게슈탈트 심리 치료법과 에니어그램이 복합되어 만들어져 있었습니다. 그리고 이 스몰 그룹 워크숍은 그야말로 도망갈 구멍 하나 없이 내담자를 무의식 깊은 바다로 밀어 넣습니다. 주제는 원 가족 문제부터 시작해서 배우자, 파트너 문제까지 다루고 재탄생의 의식을 치르는데 정말이지 독일의 외딴 숲이 아니었다면 몇 번이고 도망쳤을지도 모를 정도로 힘겨운 시간들이었습니다.

다행히 이 자리에 모인 사람들은 대개 저와 같이 이미 에니어그램 혹은 다른 심리학적 테라피스트로 활동하는 사람들이 대부분이었습니다. 박사님 워크숍을 통해 한 걸음 더 깊이 들어가는 작업을 하러 모인 만큼, 각 스몰 그룹을 이끄는 전문 코치들은 물론이고 워크숍을 행하는 저희들 또한 내면으로 들어가는 에너지 강도는 초절정 몰입 그 자체였습니다. 마치 의식 세계는 모두 잊고 완전한 무의식의 또 다른 세상에 있는 것 같습니다.

드디어 세 차례에 걸쳐 유럽을 오가며 모든 과정을 마쳤을 때 전 비로소 제 안에 아주 오랜 기간 케케묵은 형태로 꼬여 있던 그림자와 아니무스를 통과했음을 깨달았습니다. 분석심리학의 대가인 칼 융이 말한 무의식 세계의 그림자와 아니마, 아니무스는 실제로 존재했습니다. 그리고 그 세계는 절대 의식으로 해결되거나 의지로만 주도할 수 없는 세계임을 다시 한 번 확실히 깨달았습니다. 세상은 보이는 것이 다가 아니기 때문에, 내 삶이 내 마음대로 되지 않는 그 이유를 분명히 알게 된 것입니다. 그러므로 이 세상에서 가장 어렵고 그래서 가장 귀한 일이 바로 나 자신을 돌아보고 성장시키는 일임을 확신했습니다. 이 세상은 사람과 사람 사이의 보이지 않는 인드라망으로 촘촘히 연결되어 있는 곳이기에, 나 하나를 바로 세우면 나를 둘러싼 세상이 변할 수 있음을 내면 깊이 내려가 깨달았기 때문입니다.

3단계까지 마친 저는 제가 경험한 것을 나누고 싶다는 생각이 들었습니다. 하늘 아래 그 어떤 부모님도 완벽한 존재는 없습니다. 그런데 부모님은 어린 자식들의 생존권을 지니고 있는 절대자입니다. 절대자이기에 자식들은 그분들께 완전한 사랑을 기대합니다. 그러니까 부모와 자식 간은 출발부터 괴리감이 있는 관계입니다. 다만 그걸 부모님도 모르고 자식들은 더욱 모르기에 우린 사랑하면서, 아니 사랑하기에 상처를 주고받습니다. 조금만 인간과 나 자신에 대해 이해하면 충분히 치유 가능한 상처들을 너무 오래, 심지어는 인생 전반에 걸쳐 무거운 짐처럼 마음 깊은 곳에 묻어 둡니다. 그러다 오히려 짐에 끌려가며 어른이 되어 만든 나만의 가정에서 배우자나 아이들과 이런저런 문제를 양산하는 단계로 이어집니다. 그러므로 이 고리를 끊으려면 우선 나부터 시작하면 되는 일이었습니다. 그럼 나머지는 마치 구슬이 꿰어지듯 저절로 연결되는 것을 너무 오랜 시간 모르고 살았습니다.

한국에 돌아와선 먼저 1인 회사 연구원들과 나눔을 시작하였습니다. 이 분들과는 1인 기업가로서 협업을 도모할 관계인 만큼 누구보다 서로를 이해하는 것이 중요했기 때문입니다. 그래서 1인 회사 연구원들만 대상으로 하는 유로 에니어그램 과정을 만들었습니다(이 과정은 아직 일반에는 오픈하지 않았습니다.). 이분들과의 협업이 제 오랜 소망이자 목표였던 만큼, 1인 회사 연구원들을 자체 트레이닝하여 이분들과 함께 유로 에니어그램 연구소를 만들면 멋있겠다고 생각했습니다.

그렇게 1인 기업가 6~7년차 목발을 짚고 유럽을 다녀오며 공부하여 시작한 유로 에니어그램 과정에서 드디어 몇몇 강사진을 배출했습니다. 그리고 10년차 올해, 그분들과 함께 에니어그램 공저를 진행하며 유로 에니어그램 연구소 런칭을 준비 중입니다. 바야흐로 1인 회사 연구소 첫 목표가 가시적인 성과를 눈앞에 두고 있습니다. 그러나 한순간도 어려움이 없는 일은 없는 것 같습니다. 다만 1인 지식기업가 10년차쯤 되니, 이젠 어려움이 와도 이번엔 또 무엇을 배울지 살피며 어느 정도 여유로워진 것이 좀 달라진 것 같습니다. 그렇게 제가 변하면 저를 둘러싼 주변 환경도 변하기 시작한다는 사실이야말로 1인 기업가로 전환한 지 10년 동안 조금 더 알게 된 세상 이야기가 아닐까 싶습니다.

| 독일 펜츠버그의 숲 속을 달려 도착한 지스트 센터(위). 가운데 사진을 보시며 웃어주시는 분이 나란죠 박사님(아래). |

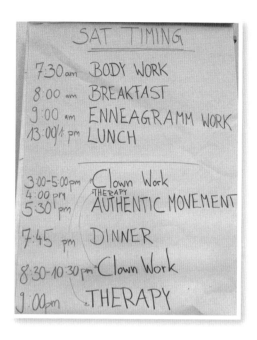

| 오전 7시 30분에 시작된 워크숍 일정은 저녁 9시 넘어서도 계속되었다(위). 초와 휴지는 워크숍 필수품이었다(아래). |

성격이
운명이다

> 영웅이 애써 찾아다니고 위기를 넘기면서 얻어낸 신적인 권능은 처음부터
> 영웅의 내부에 있었던 것이다.
>
> : 조셉 캠벨 :

유로 에니어그램 연구소를 런칭하기 위해 가장 먼저 시작한 일은 책을 쓰는 일이었습니다. 스승님께선 살아생전 한 가지 분야를 열심히 공부하고, 공부한 것을 책이라는 결과물로 세상에 내놓으라고 늘 말씀하셨습니다. 글을 써보면 공부가 얼마만큼 내 것으로 소화되었는지 가장 정확히 가늠할 수 있기 때문입니다. 그 말씀 그대로 2016년 2월 유

럽을 두 번째 다녀온 뒤로 에니어그램 책을 기획했습니다. 공부한 것을 정리도 할 겸, 책을 쓰며 유로 에니어그램 연구소에 대한 밑그림을 그리기 시작했습니다.

그 책은 다섯 번째 책이었는데 지금까지와는 의미가 약간 달랐습니다. 그때까지는 1인 기업가란 주제를 갖고 단독으로 첫 책을 쓴 뒤 이후 연속 3권을 시리즈처럼 출간했습니다. 이번엔 주제 자체가 에니어그램, 즉 새로운 콘텐츠에 대한 시도였습니다. 그런 만큼 어떤 에니어그램 책을 쓸지 고민이 많았습니다. 아무리 생각해도 에니어그램 이론에 대한 이야기는 이미 출간된 책들도 많았지만 무엇보다 제 스스로 흥이 나질 않았습니다. 대신 에니어그램과 내가 만난 이야기에 관심이 갔습니다. 제가 왜 에니어그램에 관심을 갖게 되었는지, 에니어그램을 공부하고 작업하며 무엇을 얻게 되었는지 다시금 생각해보니 '성격이 운명이다'라는 한 문장으로 정리되었습니다.

언제 어디서나 운명론은 사람들 사이에 열띤 토론의 주제가 됩니다. 저 역시 인생이란 어찌 보면 운명적인 요소가 강한 것도 같고, 한편 생각하면 얼마든지 개척될 여지도 있는 것 같았습니다. 어느 한쪽으로 마음을 굳히기는 영 쉽지 않은 이슈입니다. 도대체 우리를 감싸고도는 운명이란 것이 어찌 작동되는지 참으로 모호했습니다. 그러다 변경연에서 연구원 과정을 하며 읽기 시작한 수많은 인문고전과 그 즈음 시작한 수행을 통해 운명의 실체에 대해 조금씩 눈을 뜨기 시작했습니다.

오래된 동양 고전사상인 노장 사상이나 역학 그리고 불교 철학은 한 걸음 깊이 들어가 보면 큰 틀에서 과거, 현재 그리고 미래를 관통하는 인과의 법칙을 논하는 다분히 과학적 사상입니다. 그런데 동양사상은 신비주의적 분위기상 합리적인 체계화를 갖추지 못한 채 얼핏 운명론적 느낌을 자아냅니다. 반면 서구 르네상스 시대 이후 근현대화 시대는 인간의 의지로 얼마나 거대한 역사를 만들어낼 수 있는지에 대한 이야기로 가득합니다. 일반적인 분야는 말할 것도 없고 심지어 철학까지도 과학적으로 증명할 수 있는지 없는지를 토론하는 이성의 시대가 지배합니다. 그러다 결국 니체 시대에 와서는 신은 죽었다며 인간을 신의 경지에 올려놓는 초인사상까지 등장합니다. 이렇듯 동서양은 신비주의 사상과 과학적 합리주의라는 결코 합류하기 어려울 것 같은 거대한 두 가지 별개 흐름이 사상적 근원을 이루고 있었습니다. 그러던 어느 날 20세기 중반, 이 거대한 흐름을 연결해주는 엄청난 일이 생겼으니 바로 서구 최초로 인간 무의식 세계를 발견한 프로이트의 출현입니다(사실 동양에선 익히 알고 있었던 사실인데 서구에선 마치 우주여행과 맞먹는 대단한 일로 다루고 있습니다.).

프로이트로부터 시작되어 아들러로 이어지며 서구 사상은 비로소 의식 너머 무의식 세계를 향해 과학적 여행을 떠납니다. 그리하여 칼융에 이르면 사람들의 의식 세계란, 한 사람의 생에서 빙산의 일각에 불과함을 이론화합니다. 그러므로 무의식 세계에 내재된 가능성을 의식화하면 한 사람의 인생은 얼마든지 달라질 수 있음을 과학적으로 이론화하여 분석심리학이란 새로운 학문 체계를 이룹니다. 이런 흐름은 현대에 와선 물리학과 뇌 과학으로까지 확장되며 서구는 역시 막연한 신비사상이 아닌 과학적으로 의식과 무의식 세계를 인과의 법칙으로 풀어갑니다.

저는 동양인으로서 서양에서 체계화된 에니어그램과 심리학을 공부하며 한 개인의 외적 환경은 운명이란 큰 틀에서 시작하지만 그럼에도 여전히 개인의 의지에 따라 운명을 바꿀 여지는 충분하다는 것을 깨닫고 경험하기 시작했습니다(융은 자기실현의 길이라고 표현합니다.). 물론 그 정도는 개인의 변화의지와 실행력에 따라 당연히 차이가 납니다. 그럼에도 이 길을 일생에 단 한 번도 시도하지 않는 사람과 여러 어려움에도 불구하고 계속 시도하는 사람은 어느 시점부터 인생 길 자체가 확연히 달라집니다. 거북이의 꾸준한 반걸음이, 비록 시작할 때는 별거 아닌 거 같지만 어느 순간은 토끼가 도저히 따라잡을 수 없을 정도로 확연히 차이가 나는 것과 마찬가지입니다. 그리고 그 시작은 무엇보다 외부로만 향해 있던 시선을 나에게로 방향을 꺾어 진정한 나를 보기 시작하는 '셀프 탐색'입니다.

'세 살 버릇 여든까지 간다'는 속담이 있습니다. 한국인들은 굳이 서구인들처럼 과학적이나 학문적으로 탐구하지 않아도 심리학이 학문화하기 이전부터 이미 문화적으로 무의식 세계를 관통하는 법칙을 알고 있습니다. 진정 한 사람의 운명은 그 사람의 성격에서 시작된 인생습관에 의해 형성되는 패턴의 연속곡선임을 본능적으로 깨달아 전하고 있었던 거죠. 그런 만큼 역으로 각자 인생에 펼쳐진 패턴을 읽어내고,

왜 그런 패턴이 형성되었는지 그 암호를 풀 수만 있다면 인생은 얼마든지 달라질 수 있습니다. 바로 성격이 운명이기 때문입니다.

'그래. 이 이야기를 책에 담자.'

5번째 책 쓰기를 기획하며 정리한 생각입니다. 그렇게 탄생한 책이 저의 5번째 책인 〈운을 경영하라〉입니다(사실 저는 '성격이 운명이다'를 책 타이틀로 삼고 싶었지만 관철시키지는 못했습니다.).

그렇게 책을 출간하고 1인 회사 연구원들 중 에니어그램 강사로 배출한 분들과 함께 유로 에니어그램 연구소를 런칭하려는데 새로운 고민이 생겼습니다. 저를 제외하곤 그 누구도 에니어그램 책이 없다는 사실입니다. 물론 에니어그램 강사로 활동하는 모든 분들이 꼭 책이 있어야 하는 건 아닙니다. 저희 에니어그램 연구원 과정의 경우 프로이트부터 시작하여 융까지 심리학 책들을 체계적으로 읽습니다. 동시에 에니어그램 이론 공부는 물론 그에 따른 강도 높은 자기분석 작업을 하고 있습니다. 그러므로 에니어그램 강사로서 실력은 다른 에니어그램 강사들과 비교하여, 자부할 수 있습니다.

다만 문제는 스승님께서 말씀하신 것처럼 자기 공부나 분석이 얼마나 단단한지 본인의 언어로 표현해보는 마지막 검증 단계로서 책이 필요합니다(물론 공저라도 책이 있다는 것은 이후 활동에 많은 도움이 되기도 하고요.). 책을 쓰다 보면 추가로 공부를 하기도 하고, 무엇보다 이제껏 자기 안으로만 파고 들어가던 시선을 이번엔 외부로 돌려 객관화하는 작업을 할 수 있기 때문입니다. 책 쓰기란 1인 기업가로서 연마한 필살기에 시장성을 더하는 마지막 화룡정점인 셈입니다. 결국 2017년 어느 봄날, 저는 연구원들과 2번째 공저 프로젝트를 결심했습니다(책 권수로는 이미 3권의 공저가 나왔지만 그 의미상 제겐 2번째 공저 사이클입니다.).

'이번엔 절대 서두르지 말자. 일부러 늘어질 필요는 없지만, 단단히 공부하고, 무엇보다 공부 그 자체를 즐기며 하자.'

그랬습니다. 지난번 인터뷰집 공저의 경우 출간에 방점을 두고 진행한 까닭에 출간 후 아쉬움이 많았습니다. 너무 늘어지면 안 되겠지만 너무 서두르지도 않고, 공저자들끼리 하나의 주제를 놓고 함께 공부하며 기초를 쌓을 필요가 있습니다. 그 과정에서 자연히 정기적으로 브레인스토밍을 하며 집단 지성을 끌어내면 책의 완성도는 물론이고 출간 후에도 공저자들과 함께 이런저런 비즈니스 모델을 시도할 수 있습니다. 무엇보다 이런 일련의 작업 과정 자체가 1인 지식기업가 협업 모델의 시작이란 생각이 들었습니다.

다만 절대 책 쓰기에서 끝내고 싶지 않았습니다. 1인 지식기업가들의 협업인 만큼, 책 출간 이후에도 함께 비즈니스를 도모할 수 있는 책을 쓰고 싶었습니다. 그래서 선정한 아이템이 '에니어그램의 관점으로 본 신화 속 캐릭터'입니다. 무릇 신화란 인간 집단무의식의 표현이자 다양한 인간 군상이 등장하는 흥미 넘치는 스토리의 보고입니다. 스승님께서도 마지막 유작으로 신화에 대한 작품을 남기신 것처럼, 신화는 인간을 탐구하는 사람들에겐 한 번은 도전하고 싶은 매력적인 분야입니다. 더불어 모든 분야에서 서구 문명사의 모태가 고대 그리스인 만

큰 내친 김에 신화와 더불어 그리스 문명사까지 마스터하자는 당찬 계획을 세웠습니다. 고대 그리스를 이해하지 못하고는 진정한 의미로 서구 문명을 이해하기는 불가능하기 때문입니다. 심리학과 에니어그램에 이어 신화와 그리스 문명사를 공부하고 융합해서 책을 쓰면, 책 출간 후 유료 에니어그램 연구소를 런칭하는 데 좋은 기반이 되어줄 것 같았습니다.

그러나 역시 신화와 그리스 문명사의 벽은 높았습니다. 처음엔 6개월 정도 공부하면 될 줄 알았는데 각자 회사를 다니거나 주력 일을 하다 보니 6개월로는 턱없이 부족했습니다. 결국 공부하는 데만 올 봄까지 거의 1년은 걸린 것 같습니다. 그럼에도 공부의 과정은 즐거웠고 에니어그램의 관점에서 보는 신화는 새로웠습니다. 물론 공저 2번째 사이클이라고 해서 아무 어려움이 없거나 막힘없이 늘 달려온 것만은 아닙니다. 하지만 이젠 우리들 중 누군가 잠시 멈춰서더라도 그 이유를 헤아리거나 기다려줄 정도의 여유는 생긴 것 같습니다. 무엇보다 인생은 크고 작은 어려움이 없어 행복한 것이 아니라, 크고 작은 어려움이 있음에도 서로의 손을 놓지 않고 함께 나아갈 때 행복하다는 것을 조금씩 배우고 있는 중인 것 같습니다.

그렇게 1인 지식기업가 10년차를 지나고 있습니다. 아마 올 가을쯤에는 공저자들과 함께 '셀프 탐색을 통한 운명 전환'을 비전으로 하는 〈유로 에니어그램 연구소〉를 런칭할 수 있을 것 같습니다. 성격이 운명이니, 나를 알아 인생 전환을 이루면 그보다 좋을 일이 없을 것 같습니다.

자기를 찾고자 하는
분들을 위한
조언

남성 4050 편

　1인 회사 연구소를 6년째 끌고 오면서 참 많은 분들을 만난 것 같습니다. 연구원 과정뿐 아니라 외부 강의나 단기 워크숍까지 합치면 일일이 헤아리기 힘들 만큼 다양한 분들을 만났는데 한 가지 공통점들이 있으십니다. 〈자기를 찾고자 하는 강렬한 끌림〉을 갖고 계시다는 점이죠. 제 이야기 주제가 1인 기업이니 연령층은 아무래도 30대 중후반에서 50대 초반으로, 그중에서도 연구원들은 40대가 많습니다. 자기계발 시장은 여성이 주도한다고 하는데 저희 연구원 과정에는 남녀 비율이 반반에 이를 만큼 남성분들의 참여도 꽤 많습니다. 그렇게 지난 6년 연구소를 끌고 오면서 전 남성과 여성이 1인 지식기업가의 길을 갈 때 다른 양상을 보여준다는 사실을 알게 되었습니다. 특히 남성은 연령, 여성은 결혼 여부에 따라 경로가 완전히 달라지더군요.

우선, 조직에서 중간관리자 역할을 하고 있는 4050 남성세대 이야기부터 풀어볼까 합니다.

"40대 중반~50대 초반, 부장님들"

현재 50대 초반 한국 남성들은 흔히 말하는 386세대로 한 세대 위 남성들과 함께 대한민국의 민주화와 경제발전을 이끈 주역들입니다. 40대 중반 분들은 90년대 대학을 다니며 한국 사회 최초로 문화 부흥을 경험한 X세대입니다. 두 그룹의 성격이 조금은 다르지만 현재 대개 회사들의 중간 관리직을 맡으며 조직 사회의 허리 역할을 담당하고 있습니다. 한마디로 조직의 '부장님들'입니다.

이 연령대 분들은 조직에서 남은 생존 기간이 짧게는 2년에서 길어야 5년 안팎입니다. 그나마 50에 가까운 분들은 이 사실을 현실로 인식하고 계시지만 40대 중반 분들은 아직 조직에 희망을 거는 경우도 많습니다. '그래도 난 아직 좀 여유 있잖아.'라며 5~7년이란 시간을 꽤 먼 미래로 생각합니다. 막연한 희망인 경우가 많죠. 달리 보면 대안이 서지 않기 때문에 현실을 마주하고 싶지 않은 현실회피 심리도 읽힙니다.

특히 이 그룹의 문제 중 하나는 한 조직에서 15년 이상씩 근무한 분들이 많다는 사실입니다. 평생 고용이란 단어가 무너지며 이직을 시도하고 경험하기 시작한 30대 세대와 달리, 여전히 평생 고용이란 슬로

건 아래 가족과 군대를 적절히 혼합한 '가족형 군대식 회사생활'을 경험한 세대입니다. 흔히 낀 세대라고 불리는 40대 중반 남성들 역시 속으로는 '50대 마초 부장과 나는 달라!'라고 부르짖지만, 결국 행동에선 그들을 따라 갑니다. 오히려 문화지수가 높아서인지 결단력 면에선 때때로 뒤로 물러설 때도 많습니다.

이 그룹의 남성들을 한 줄로 정리하면 이렇습니다.

"회사 문을 나서는 것이 너무도 생소하고 낯설어! 정말 싫어!"

이 분들이 바로 〈회사=나〉입니다.

말로는 이 모든 회사 일이 가족을 위한 것이라고 하지만, 긴 세월 조직의 사다리 경쟁에서 살아남기 위하여 앞만 보고 질주하느라 어느새 가족과도 멀어진 지 오래인 분들도 많습니다. 가족은 그들을 돈 버는 기계로 대하고 있는 까닭에 설 자리가 영 마땅치 않습니다. 이 때문에 회사를 나오면 갈 데가 없습니다. 집에 자기 자리가 확고한 것도 아니고, 사회적으로 봐도 귀속할 데가 없습니다. 사실 한국 경제를 이만큼 끌어올리느라 자신의 인생을 오롯이 바치며 참 많이 수고한 분들인데 말입니다.

그러나 그만큼 상대적으로 누린 기득권도 많습니다. 그리고 이 기득권이 바로 1인 지식기업가로 인생전환을 이루는 데 가장 큰 방해요인이 됩니다. 심리적으로나 물질적으로나 이 그룹의 남성들은 회사를 나오면 바로 이전과 유사한 수준의 사회적 지위와 수입을 이어가고자 합니다. 그런데 문제는? 이 그룹 남성들이 최소 몇 억의 자본금 혹은 자산이 있다는 사실입니다. 쉽게 말해 아예 장사 밑천이 없으면 엄두도 내지 않을 텐데 밑천이 있으니 '압박감과 자본이 만나' 최소 내 가게를 열면 생활비도 벌고 사장님 소리도 들을 수 있다는 생각을 떨치지 못합니다. 어찌 보면 당연한 욕구이자 선택이긴 한데, 문제는 진지한 고민이나 준비 없이 뭔가에 떠밀려 그렇게 선택한다는 사실입니다. 한국 사회가 프랜차이즈 강국이 되고, 1~2년차 자영업자의 파산율이 80%에 이르는 이유입니다.

그럼 우리더러 어쩌라는 거냐고 묻는 분들께 드리는 저의 제안은 다음과 같습니다.

∷ 4050을 위한 미래 조언 ∷

첫째, 내가 얼마나 부장님스러운지 깨달아야 한다.

부장님들은 잘 모르십니다. 회사 밖에서 동호회나 자기계발 프로그램 등에서 젊은 층들과 만나면 왜 그들이 자신들을 멀리하거나 기피하는지를요. 여러 이유가 있지만 가장 큰 이유 중 하나는 회사 밖에서도 여전히 부장님이기 때문입니다. 같은 그룹의 동료로 만났는데도 지시하고 자신의 뜻대로 하려고 합니다. 한마디로 조직 내 수직적 패러다임이 회사 밖에서도 변함없이 너무 잘 작동 중입니다. 그런데 정작 본인은 인식하지 못하죠. 당연히 회사 밖에서 부장님들 만나는 거, 피곤

합니다(이렇게 말씀드리면 회식에서 만나, '내가 너희들 피곤하게 하냐? 나는 아니지?' 하면서 '아니오.'라는 답을 강요합니다!).

수직에서 수평으로 패러다임 전환, 무척이나 어렵습니다. 하지만 정말 더 절실히 필요한 건 내가 수직적 패러다임에 너무도 익숙하다는 그 사실을 깨닫는 일입니다. 정작 본인들은 안다고 생각하지만 타인이 볼 땐 전혀 그렇지 않습니다. 나를 객관적으로 파악하는 것이 가장 어려운 일이자 가장 중요한 첫 걸음입니다.

둘째, 아직 회사에 있을 때 '승부 콘텐츠'를 찾는다.

부장님들 착시 현상 중 하나가 〈회사 능력=나의 능력〉입니다. 대기업 부장님들일수록 더 그런 경향이 있는 것 같습니다. 하지만 기업의 규모가 클수록 정작 개인의 부속화는 더 심각합니다. 회사 문을 나오면 그때서야 자신이 그저 그런 제너럴리스트였음을 아프게 깨닫게 됩니다. 그럼에도 불구하고 다른 그룹들과 비교하면 여전히 일선의 경험과 네트워킹이 풍부합니다. 부장님들의 장점인 만큼 아직 회사에 있을 때 잘 살려가야 합니다. 그러려면 반드시 회사에 있는 동안 퇴사 후 1인 지식기업가로 살아갈 승부 콘텐츠를 찾아야 합니다.

회사에 있을 때 승부 콘텐츠를 찾으면 현재 업무와 네트워킹을 활용하여 연결고리를 만들기가 쉽습니다. 회사를 나온 뒤에는 조직 명함이 사라지기 때문에 빈손으로 시작해야 합니다. 한 걸음 더 나아가 현업인 주력과 승부 콘텐츠 사이에 시너지가 난다면 1~2년이라도 회사 생활을 연장할 수 있는 가능성이 생깁니다. 현업을 위해서든 이후 승부 콘텐츠를 위해서든 어떤 경우라도 대비책 없는 것이 가장 위험합니다.

셋째, 아직 회사에 있을 때 가족과 대화의 물꼬를 튼다.

지난 수년간 1인 회사 연구소를 운영하면서 40대 중반 이후 남성들께는 가족과의 대화가 승부 콘텐츠 찾기보다 훨씬 더 넘어서기 어려운 벽이란 걸 깨달았습니다. 같은 공간에 살고 있지만 보이지 않는 거리감이 너무 깊어지죠. 일본과는 달리 우리나라 고독사에서 가장 비중을 크게 차지하는 연령층이 50대 남성 그룹이라고 합니다. 그만큼 가족이기에 더욱 입을 떼고 다가서기 어려워하시는 경우가 많습니다. 이 세상 누구보다 가족에게만큼은 인정받고 싶기에.

그래서 자신을 들여다볼 필요가 있습니다. 가족과 대화를 나눠야 한다는 사실을 모르는 분은 없습니다. 하지만 실천은 간단치 않습니다. 우선 자신 안에 켜켜이 쌓인 갑옷부터 좀 내려놓을 필요가 있습니다. 그래야 비로소 '가족어'로 이야기를 나눌 수 있습니다. 회사를 나온 뒤에 시도하는 것은 너무 늦습니다. 돈을 버는 동안에 하지 못한 말들을 돈을 벌지 못하는 상황이 되어서 한다는 것은 한국 남성분들에게는 죽기보다 어려운 일이기 때문입니다. 가족이 응원군이 되느냐, 가족 내에서조차 고립될 것이냐. 회사를 나오기 전 이 세대 남성분들께 가장 중요한 이슈입니다.

넷째, 퇴사 후 절대 곧바로 자본투자 하지 않는다.

퇴사 후 곧바로 자영업에 뛰어들려는 분들이 대개 하는 말씀이 '일단 판을 벌리면 돈은 돌잖아. 집에 생활비는 가져다 줘야지.'입니다. 도박판에도 돈은 돕니다. 문제는 내가 잃을 수도 있다는 사실입니다. 마찬가지로 장사판을 펼치면 돈은 돕니다. 문제는 현찰은 돌지만 마이너스로 돌 수도 있습니다. 그 경우, 집에 생활비를 가져다주는 것이 아니라 집까지 잡힐 수 있습니다.

회사를 다니며 1인 지식기업가의 길을 준비한 분들조차 막상 퇴사를 하면 당장 현찰수입에 대한 압박감이 아주 강렬해집니다. 압박감과 자본이 합쳐질 때, 가장 유혹적인 옵션 중 하나가 자영업, 그중에서도 경험 없이 시작할 수 있는 프랜차이즈입니다. 결코 자영업 자체를 하지 말라는 말씀은 아닙니다. 자영업이 적성에 맞을 수도 있습니다. 다만 그런 분들도 2~3년의 준비 기간을 거치며 철저히 새로운 세계의 룰을 익힌 후 나만의 필살기를 갖추고 뛰어들라는 말씀입니다. 지금까진 회사가 시키는 대로 경쟁회사만 분석하며 살아왔지만 이제부턴 지피지기가 가장 필요한 그룹입니다. 지피지기 백전불패이기에 말입니다.

다섯째, 퇴사 후 수입 포트폴리오를 잘게 쪼갠다.

퇴사 후에도 역시 1인 지식기업가가 내 길이라 생각되면 주력과 승부를 연결한 수입 포트폴리오를 적극 모색합니다. 직장인들의 수입은 대개 월급이란 명목 하나이지만, 1인 기업가들은 수입 포트폴리오가 다양해야 합니다. 일정한 수입이란 더 이상 존재하지 않기 때문에 가능한 한 다양한 수입 경로를 만들어놓고 그때그때 상황에 따라 저글링하듯 손에 쥐는 게 있어야 앞으로 밀고 갈 여력도 생겨죠.

다만 이때 한 가지 꼭 기억해야 할 것은 '첫 술에 배부르지 않다.'입니다. 처음 시작할 때는 '수입 포트폴리오당 50만 원도 성공입니다'라고 말씀드리면 부장님들은 하품합니다. "애걔, 겨우 50만 원? 내 한 달 용돈도 안 되는 돈이잖아." 뭐 대체로 이런 반응이죠. 1인 기업가에게 중요한 건 내 지식을 상품화해서 돈을 받고 팔 수 있다는 사실 자체입니다. 프로의 세계로 진입하는 게 중요합니다. 시작이 반인 셈이죠. 그때부터는 부단히 필살기를 업그레이드해서 시장성을 높이며 부가가치를 만들어내면 됩니다. 중요한 건 과연 내가 지식을 기반으로 하는 콘텐츠를 생산하여 상품화할 수 있을지 여부입니다. 일단 완성도 높은 제품이 준비되어야 시장을 두드려볼 수 있는데, 경우에 따라 부장님들 중에는 화려한 포장에만 관심을 갖는 분들도 많습니다. 개인의 진면목이 드러나는 1인 기업 시장에선 오래 버티기 힘든 케이스입니다.

1인 기업가의 길은 결단코 단거리 경주가 아닙니다. 인생 마라톤과 궤적을 같이합니다. 대신 이전과는 달리 절대적으로 내가 주체가 되며 이전에는 알지 못했던 나를 알아가기도 합니다. 그 때문에 힘겹기도 하지만 반면 나를 알면 알수록 참 신기하고 놀라운 일이 벌어집니다. 무엇보다 내 삶이 충만해지고 풍요로워집니다. 부장님들 또한 한 호흡 길게 보면 좋겠습니다. 지금까지 충분히 달려왔고 가정에서나 사회적으로나 중추적인 역할을 해왔으니, 이제부턴 잃어버린, 아니 한 번도 찾지 않았던 나를 찾아가며 그 길에서 자연스레 일도 풀렸으면 하는 바람입니다. 열심히 일한 당신, 충분히 멋지기에 말입니다.

인간은 확고한 것, 완성된 것, 유일하고 명료한 것이 아니라 변화해 가는 것이다.

: 헤르만 헤세 :

남성 3040 편

나의 포트폴리오 생활이 제대로 도약하는 데에는 10년이 걸렸다.

: 찰스 핸디 :

4050 남성에 이어, 이번에는 단군 이래 수직서열 체계에서 처음으로 벗어나기 시작한 30대 중반~40대 초반 남성들의 1인 기업 이야기입니다.

"30대 중반~40대 초반 콘텐츠 소비자들"

현재 30대 중반에서 40대 초반 한국 남성들은 한국 경제가 선진국의 반열에 오른 뒤 풍요로움 속에 자란 세대들입니다. 물론 개인차는 있겠지만 대한민국 역사상 자본주의의 풍요로움에 흠뻑 젖어 청소년기를 보낸 세대라고 할 수 있습니다. 여기에 20대에 이미 자본주의의 최첨단이라 할 수 있는 사과폰 열풍을 경험하며 이전 세대들과는 완전히 다른 문화 속에서 청년기를 보냅니다. 위 세대인 부장님 세대들과 같은 공간에 살고 있지만 다른 세상을 살아가는 이유입니다.

반면 이 세대들은 20대를 막 들어서거나 아직 20대가 되기 전 IMF를 겪습니다. 그러다 보니 평생 고용이란 개념을 알기 전, 흔들리기부터 합니다. 아직 조직이 주는 달콤함을 맛보기 전에 자신 혹은 친구의 아버지가 해고되는 모습을 목격한 세대이기 때문입니다. 그리고 이들이 본격적으로 사회생활을 시작한 이후 2008년 리먼 브라더스 사태를 겪으며 한국 사회를 더 이상 평생 고용 사회가 아닌 명퇴나 해고 등이 익숙한 사회로 인식하게 되죠. 자본주의의 빛과 그림자를 일찌감치 경험합니다.

그러므로 이 세대 남성들은 같은 한국 남성이지만 부장님 세대와 달리 평생 고용은 언감생심이고 대신 맞벌이는 편히 받아들입니다. 그런 만큼 이전 세대와 달리 탈권위를 이뤄내며 자발적 이직을 모색하기도 하고 가정에선 육아에도 참여합니다. 그런가 하면 모바일 세대답게 온라인과 오프라인을 넘나들며 다양한 소비문화를 체험합니다. 당연히 사고는 더욱 확장되어, 비록 어쩔 수 없이 군대는 다녀왔지만, 이젠 남성들 스스로 수직적 군대문화를 거부합니다.

이전 세대가 지갑을 통째로 아내에게 맡기고 자신들은 '회사=나'라는 생각으로 일에만 매달렸다면 이 세대 남성들은 가정에서나 사회적으로 권위는 줄었지만 대신 자신들만의 새로운 자본주의 문화 세상에 적극 참여합니다. 그러면서 자본주의 문화를 얼마나 체험했느냐로 자신들의 정체성을 표현하기도 합니다. 이전 세대 남성들이 회사 문을 움켜쥐고 끝까지 놓지 않으려 애쓰는 것과는 달리 이 세대 남성들은 경제적으로 허락만 한다면 일찌감치 조직을 나와 다양한 체험을 하려 합니다. 오히려 1인 지식기업가의 길이 주는 자유를 로망으로 여기며 '경제적으로 문제만 없다면 당장이라도 회사를 나가서 마음껏 자유를 누리고 싶어!'를 외치며 회사와 1인 기업의 경계에 서 있죠.

그러나 이 세대 남성들이 1인 기업가로서 누리고 싶은 자유는 철저히 자본주의 체제에 길들여진 자유로 (하루라도 빨리 개인 브랜딩 파워를 갖추어) 조금이라도 더 많은 것들을 누리고 체험하고 싶은 황금빛 자유입니다. 자신만의 한 분야에서 필살기를 갖추기 위해 최소 2~3년 필살기 수련을 감내하기 어려운 이유입니다. 어릴 적부터 매년 빨라지는 인터넷 속도를 경험하며 모든 일이 클릭 한 번으로 해결되는 것에 익숙한 만큼 한 분야를 깊이 판다는 것을 고루하게 여깁니다. 변화를 쉽게 추구하지만 변화를 쉽게 여기는 세대입니다.

그럼 어찌해야 지속적으로 1인 지식기업가로 살아갈 수 있는지를 묻는 30대 중반~40대 초반 문화세대 남성들께 드리는 제안입니다.

:: 1인 지식기업가를 꿈꾸는 3040을 위한 조언 ::

첫째, 내가 콘텐츠 생산자가 아닌 소비자임을 깨닫는다.

위 세대 남성들이 '회사=나'라는 착시에 빠져 살아 왔다면, 이 세대 남성들은 '자본주의 사회의 소비자적 체험=나'라는 착시에 빠져 살고 있습니다. 특히 가상공간이자 무한공간인 온라인 세계가 일상이 된 만큼 온라인 세계에서 펼쳐지는 다양한 소비문화에 적극 참여합니다. 가령 저가 항공에서 이벤트를 벌이기라고 하면 하루 종일 사이트를 들락거리며 시간과 에너지를 쏟아 붓습니다. 그런가 하면 조금이라도 특별한 체험을 하기 위해 혹은 남들이 체험한 것에 뒤처지지 않으려고 온 사이트를 뒤지기도 합니다. 그러면서 이렇게 하지 않는 부장님 세대를 은근히 시대에 뒤떨어진 아재들이라 속으로 무시하기도 합니다(그러나 그런 아재들보다 자산형성이 덜 되어 있어 막상 회사에서 나오면 당장 일상이 더 다급한 세대이기도 합니다. 평생고용도 안 되고 자산도 넉넉지 않기에, 어쩌면 아재 세대들보다 일생 더 일 때문에 마음 졸여야 할지도 모르겠습니다.).

한마디로 온라인을 통해 적극적인 프로슈머로서의 삶을 살아가며 영향력을 발휘한다고 생각합니다. 그러면서 얼마나 더 다양한 체험을 하였는지, 즉 소비자적 체험을 곧 자신들의 정체성으로 삼습니다. 즉 위 세대 남성들이 회사의 능력을 자신의 능력으로 착각하는 것처럼, 이 세대 남성들은 자본주의 체제 안에서의 소비자적 체험을 마치 자신들이 콘텐츠 생산자인 것으로 착각합니다.

그러나 프로슈머로서 아무리 적극적으로 참여해봐야 결국 수익은 회사의 몫입니다. 더욱 더 정교해진 자본주의 시스템 안에서 개인은 콘텐츠 생산 과정에 영향력을 끼치는 소비자일 수는 있지만 결코 생산자가 될 수는 없습니다. 온라인 비즈니스 세계에서 승자독식이 점점 더 심해지는 이유입니다. 그러므로 일단 내가 체험한 그 자체가, 특히 그 체험들이 단순히 소비문화에 국한된 것이라면 더욱 더 1인 지식기업가로 전환하는 데 그다지 도움이 되지 않는다는 사실부터 깨달아야 합니다.

둘째, 이직하기 전 자신에게 맞는 승부 콘텐츠를 찾는다.

그러므로 이제 외부로만 향해 있던 시선을 안으로 돌릴 때입니다. 내가 만약 콘텐츠 생산자가 된다면 어떤 것으로 승부를 볼 수 있을지 나만의 승부 콘텐츠를 찾아야 합니다. 이렇게 말씀드리면 이 세대 남성분들은 자동적으로 구글 신께 물어보려고 합니다. 그분은 이 세상 모든 정보를 알려줄 수 있을지 모르지만 단 하나 여러분 자신에 대해서는 알려줄 수 없습니다(머지않은 미래에 여러분의 소비문화를 빅 데이터화한 자료를 나라고 착각하는 시대가 올 것 같기는 합니다.).

위 세대와는 달리 이 세대 남성들은 자발적이든 사회적이든 평생 고용에 의지하지 않습니다. 필요하다고 느끼면 이직도 적극 모색합니다. '회사=나'라는 이전 세대와 달리 어느 정도는 스스로를 중심에 두고 생각하고 시도합니다. 다만 이직의 조건은 연봉을 포함하는 외적 요건이 우선시되며 '1인 지식기업가 전향'을 염두에 두는 분들은 거의 없습니다. 눈앞의 일상이 훨씬 중요하긴 합니다만, 위 세대와는 달리 평생 고용은커녕 조직생활을 할 수 있는 기간 자체가 엄청 줄어들기 때문에 〈상대적으로 줄어든 회사 기간+늘어난 1인 기업 기간〉을 받아들여 스스로 커리어를 관리해야 합니다. 그러기 위해선 일단 무엇보다 자신만의 승부 콘텐츠를 찾아야 합니다.

셋째, 승부 콘텐츠에 맞는 회사를 찾아 현업으로 삼는다.

그런 후 가능하면 자신의 승부 콘텐츠와 조금이라도 연계성이 있는 회사로 이직합니다. 즉 현업 안에 승부 콘텐츠의 씨앗을 품고 갑니다. 그럼 당연히 회사 일에 더 적극적일 수밖에 없고, 회사에서의 모든 일이 곧 나의 일이 될 수 있습니다. 회사가 중심이 아니라 내가 중심이 되어 회사 역시 하나의 여정이 됩니다.

이런 과정을 밟기 위해서는 당연히 '회사'에서 '나'로의 패러다임 전환이 필요합니다. 위 세대가 가장 어려워하는 출발 지점 말입니다. 하지만 이 세대 남성들은 이미 회사에서 나로의 패러다임은 전환되어 있습니다. 다만 내가 중심이되, 소비지향적인 측면으로만 발달되었던 착시 현상에서 깨어나면 됩니다. 다만 콘텐츠 생산자가 되는 방법을 클릭 한 번에 의존하려는 경향을 조심해야 합니다.

넷째, 반짝 스타를 경계한다.

이 세대 남성들은 콘텐츠 소비자에서 콘텐츠 생산자로의 전환도 어렵지만, 지식콘텐츠 생산자가 된다는 것을 온라인상에서 주목 받는 것으로 착각하는 경향도 심합니다. 그래서 1인 지식기업가의 길을 시작한다고 결정한 순간 이 분들이 가장 먼저 하는 것이 혹시라도 멈추었던 온라인상에서의 활동을 활발히 재개하는 일입니다. 온라인 활동을 하지 말아야 한다는 뜻이 아닙니다. 다만 나만의 굳건한 필살기가 미처 갖추어지기 전에 소소한 이슈가 될 만한 이야기나 아이디어 몇 가지로 잠시 주목받는 것을 1인 지식기업가가 되었다고 착각해선 안 된다는 말씀입니다. 온라인상에서 잠시 주목받는다고 수입이 느는 것도 절대 아니기 때문입니다. 오히려 뿌리 깊은 필살기나 그를 받쳐줄 철학이 없이 성급하게 주목을 끌게 되면 자칫 들뜬 분위기에 휩쓸려 떠밀려 갈 가능성이 훨씬 더 높습니다. 수십 년에 걸쳐 이룬 것도 단 2시간이면 무너질 수 있는 것이 인터넷 시대의 현실입니다. 앞선 세대보다 인터넷 조회를 올리는 기술에 더 친숙하다고 해서 성급한 클릭은 금물입니다.

다섯째, 나만의 철학적 뿌리를 내린다.

3040세대 남성들에게 1인 지식기업가의 길은 인생 2막이 아닌 인생 그 자체일 수 있습니다. 위 세대 남성들이야 워낙 전반부가 회사 그 자체였기에 퇴사를 한 뒤에야 겨우 자신의 삶을 찾기 시작합니다. 하지만 3040세대 남성들이 자기주체적인 삶을 살아가는 데 회사는 더 이상 중심이 될 수 없습니다. 그런 만큼 이전 세대보다 철저히 자기관리를 해야 합니다. 회사가 내 커리어 전부를 책임지는 시대가 아닌 만큼, 이제 내가 나를 책임지고 관리해야 합니다. 자기관리를 잘하려면 먼저 스스로를 잘 돌봐야 합니다. 내가 필요한 것이 무엇인지, 혹 결핍된 것은 없는지 자기를 돌보지 않고 여전히 사회가 정한 규범적 틀에 맞춰 자기를 관리하려다 보면 그로 인한 스트레스로 내적인 문제들에 직면할 수 있습니다. 자신을 전면적으로 드러내야 하는 1인 기업가 시장에서 자기 돌봄에 실패하여 한 순간에 추락하는 경우는 너무도 많습니다.

자기 돌봄의 시작은 스스로에게 묻고 스스로 답하는 것입니다. 그렇게 스스로 묻고, 답하는 연습을 자꾸 하다 보면 나도 모르는 사이 내 안에 서서히 나만의 철학적 뿌리가 내려지기 시작합니다. 철학이라고 하여 칸트나 니체를 꼭 뒤적여야 하는 것은 아닙니다. 흔히 높은 곳에 올랐다 한 순간에 추락하는 사람들을 보고 우린 '저 사람은 철학이 없어.'라고 말합니다. 반짝 떴지만 한 순간에 추락하지 않을 굳건함, 그런 사유의 힘이면 충분합니다.

3040세대 남성들은 지금까지 일해 온 시간보다 앞으로 일할 시간이 훨씬 더 길게 남았습니다. 어쩌다 한번 온라인에서 주목 받는다고 그 한 번이 남은 인생을 보장해주지 않습니다. 그러므로 상대적으로 아직 시간 여유가 있을 때 '지속성의 힘'을 기르는 것이 가장 중요합니다. 한

때 반짝했다 쉽게 사라지는 것이 아니라 남은 인생을 지속적으로 자기 주체적으로 살아갈 수 있는 힘 말입니다.

결론적으로 이 세대는 심지어 필살기도 하나의 콘텐츠로는 부족할 수 있습니다. 최소 2개 이상의 콘텐츠를 필살기 수준으로 끌어올리고 그들을 융합까지 한다면 1인 지식기업가의 길이 노년까지 자연히 이어질 수도 있습니다. 그렇기에 더욱 굳건한 철학이 필요합니다. 남은 시간이 길기에, 그 긴 시간 나를 잘 돌보며, 관리하며 나아가야 합니다. 그럼 이 세대의 장점인 다양한 체험이 비로소 나의 콘텐츠 안으로 녹아들며 사회적으로도 진정한 의미의 다양성의 시대가 펼쳐질 수 있습니다. 위 세대가 경제성장을 이루며 정치 선진화의 기반을 마련했다면, 그 기반을 토대로 문화 선진국으로 나아가는 길. 어쩌면 3040세대 남성분들 한 사람 한 사람이 자신의 삶을 소중히 돌보며 살아가는 것에서 시작될지 모르겠습니다.

기혼 여성 편

안에서 울려 나오는 목소리를 두려워하지 않는다면, 바깥에서부터 쏟아지
는 어떤 비평도 무섭지 않다.

: 나탈리 골드버그 :

이번에는 1인 지식기업가의 길을 걷는 여성들 이야기입니다. 여성들
은 남성과 달리 연령에 따라 1인 기업가의 길이 달라지지 않습니다. 그
보다는 결혼의 유무, 특히 출산과 육아에 따라 걸어가야 할 길도 다르
고 인생 자체도 크게 달라집니다. 저성장 고령화 시대는 남성 혼자서
한 가정의 경제활동을 평생 책임질 수 없는 시대입니다. 과연 기혼 여

성들은 어떻게 1인 기업가의 길을 걷고 있고, 받아들여야 할지 그 이야기를 풀어봅니다.

"워킹맘도 경단녀도 일단은 엄마"

고성장 시대 한국 여성들은 학벌이 아무리 좋아도 대개 결혼과 함께 전업주부가 되는 것이 당연한 수순으로 여겨졌습니다. 그러다 IMF 이후에는 싫어도 맞벌이 부부로 나서기 시작합니다. 그러나 상황은 바뀌었는데 한 가지 변하지 않은 것이 있으니 '좋은 엄마 프레임'입니다.

고성장 시대든 저성장 시대든 기혼 남성들이 커리어 쌓기에 몰입하는 모습에 부정적인 시선을 보내는 사람은 없습니다. 오히려 가정을 책임지는 든든한 아빠로 받아줍니다. 반면 여성들의 경우, 그 사람의 사회적 능력과는 무관하게 출산 이후에는 아이를 최우선으로 두고 자신의 일을 결정해야 하는 사람으로 인식합니다. '좋은 엄마 프레임'입니다. 이전까지 아무리 전문 커리어를 쌓아가던 여성도 출산 후에는 설령 월급이 줄더라도 육아와 병행할 수 있는 일을 찾아야 합니다. 형편상 친정이나 시댁의 도움을 받지 못하면 아예 일을 그만두고 전업주부, 즉 경력단절 여성이 되는 경우도 많습니다. 어느 쪽이든 소수 여성을 제외하곤 출산 이후 전문 커리어를 지속하기란 참 어렵습니다.

워킹맘들의 경우 현업과 육아 외 1인 기업가의 길을 준비하는 데에는 시간도 부족하지만 그보단 심리적 장해물이 더 크게 작용합니다. 이미 일을 하느라 아이와 충분히 시간을 보내지 못하고 살림이 엉망인데 여기서 또 무얼 더 한다는 것은 좋은 엄마로부터 점점 멀어지는 길이기 때문입니다. 일하는 아빠들은 전혀 느끼지 않는 워킹맘들만의 보이지 않는 죄책감입니다. 남편과 대등하게 경제적 책임을 지고 있어도 여전히 아이에게 미안하고 남편에게 눈치 보이는 삶, 그것이 워킹맘들의 현실입니다.

전업주부의 경우 워킹맘들에 비해 시간은 다소 여유로운 듯 보입니다. 하지만 한 걸음만 깊이 들어가 보면 대개 독박 육아에 메여 하루하루가 다람쥐 쳇바퀴 돌리듯 숨가쁩니다. 지금까지 남자들 못지않게 공부하고 일했던 모든 경력이 하루아침에 연기처럼 사라집니다. 게다가 요즘은 전업주부를 당연시하기보다는 맞벌이를 더 선호하는 시대입니다. 나도 모르게 사회적으로 경단녀 취급을 받다 보면 자꾸 위축됩니다. 완벽주의 성향이 강한 분들은 살림에 집착하거나 반대로 일상의 무기력에 빠지는 증상도 보입니다. 아이가 어느 정도 크면 사교육 열풍에 뒤질까 아이를 중심으로 엄마들 모임이나 활동에 적극 참여합니다. 그런 시간들이 쌓이면서 커리어 세계에선 조금씩 멀어지며, 아이가 커서 사회에 복귀할 수 있을 때에는 사회적 장벽뿐 아니라 여성들 스스로 전문 커리어에 대한 심적 두려움을 느껴 심한 경우 복귀 자체를 포기하게 됩니다.

이처럼 여성들의 경우, 아무리 고등교육을 받았거나 사회적 능력이 뛰어나더라도 지속적으로 커리어를 이어가기란 무척 힘듭니다. 전문 커리어는 고사하고 육아 부담이 시작되면 워킹맘의 지위도 유지하기 어려워 자의 반 타의 반 경단녀가 되는 경우도 많습니다. 여성들이 전문 커리어를 쌓아가는 일은, 사회적으로나 가정 내에서나 결코 쉬운 일이 아닙니다. 그러나 시대가 변했습니다. IMF를 거치며 맞벌이 시대가 시작되고, 이제는 저성장 고령화 시대를 맞아 남성 혼자 평생 한 가정을 책임질 수 없는 시대로 접어들었습니다. 마냥 손 놓고 있을 수만은 없는 시절입니다. 위기를 기회로 전환시켜야 할 때입니다.

그러나 시간에 쫓기고 심리적으로 위축된 여성들은 '단순직이라면 몰라도 내가 어떻게 1인 기업가가 될 수 있느냐?'고 묻는 경우가 많습니다. 그래서인지 1인 기업가의 길을 걷는 기혼 여성들의 비중은 상대적으로 떨어집니다. 실제로 다른 그룹과는 달리, 기혼 여성들이 1인 기업가로서 본격적인 여정에 오르기 위해서는 준비하고 재정립해야 할 것들이 조금 많습니다. 이를 감안하고, 저는 기혼 여성들에게 이렇게 제안합니다.

:: 위기의 시대를 지나는 기혼 여성들을 위한 조언 ::

첫째, 100세 시대, 엄마들도 〈인생 커리어〉 하나는 필요해.

유럽 여성들의 사회 참여는 양차 대전을 겪으며 남성 인력의 공백을 메우기 위해 시작되었습니다. 선진국조차 여성들의 사회적 지위는 필요에 의해 발전한 거죠. 저성장, 고령화 시대에 4차 혁명까지 더해지는 미래 사회에는 절대 남성 혼자 평생 한 가정을 책임지기 어렵습니다.

남성들도 회사원으로 살아갈 수 있는 시간은 점점 줄어들고, 반면 자영업이나 1인 기업가로 전환을 모색하는 과도기적 시간이 반드시 필요합니다. 그리고 이 전환기에 여성들이 가정의 최소생존경비라도 받쳐줄 경제적 능력이 있느냐 없느냐에 따라 한 가정이 미래를 대비하는 방법은 전혀 달라지게 되죠.

일찌감치 맞벌이 부부가 된 워킹맘의 경우는 경제적 관점에서만 보면 남편이 과도기를 거치는 동안 가정 경제의 최소생존경비를 지탱할 수 있습니다. 반면 자의든 타의든 전업주부가 된 경단녀는 남편이 어려움에 처하면 할 수 있는 일이 단순 아르바이트나 유사 수준의 일밖에는 없죠.

이때가 문제입니다. 아직 남편이 커리어 전환에 성공하지 못했고, 당장 나부터도 전문 커리어를 이어갈 준비가 되어 있지 않다면 어떻게 해야 할까요? 남편이 모든 걸 잘 알아서 책임져 주면 좋겠지만 만일 믿고 의지하던 남편이 위기에 빠진다면? 그리고 한 단계 더 나아가 고령화 시대라는 문제를 생각해 본다면 여성들은 평균 수명 문제와 직면하게 됩니다. 대개 여성은 좋든 싫든 남성들보다 더 오래 삽니다. 그렇다면 여성이야말로 '인생 커리어' 하나쯤 필요하지 않을까요? 그 누구를 위한 것이 아닌 바로 나 자신을 위해서 말입니다.

커리어라는 단어 앞에서 지레 뒷걸음질 칠 필요는 없습니다. '커리어우먼' 하면 멋있게 차려 입고 으리으리한 빌딩 사무실에서 남성들과 대등한 사다리 게임을 하는 이미지를 떠올리며 마음의 장벽을 만들고는 합니다. 하지만 현실적으로 대기업의 승진 싸움에서 살아남는 여성은 극히 드뭅니다. 그보단 훨씬 소소한 단계에서 작은 단위로 시작할 수 있는 1인 기업가의 길이 더 많습니다. 그리고 그 시작은 아직 남편들이 회사에서 버텨줄 때, 그때가 가장 좋습니다. 이젠 여성들도 긴 인생에서 자신을 책임질 수 있는 '인생 커리어' 하나쯤은 개발하겠다는 의지, 여기서부터 기혼 여성들의 1인 기업가의 길은 시작됩니다.

둘째, 좋은 엄마 프레임 내려놓기

여성들이 아무리 전문 커리어를 쌓고 싶고, 1인 기업가의 길을 준비하고 싶어도 가장 발목을 잡는 것은 역시 '좋은 엄마 프레임'입니다. 한국 사회는 전통적으로 남자들은 밖에서 일하며 돈을 벌고, 여자들은 안에서 살림하고 아이를 돌본다는 양성 이분법적 역할 구분이 너무 오랜 기간 이어져 왔습니다. 이와 같은 사고방식은 워킹맘들은 여전히 아이에게 미안해해야 하는가 하면, 반대로 시대 흐름상 전업주부들은 경제적 활동을 하지 못한다는 위축감이 들게 만드는 묘한 이중 잣대가 되어 기혼 여성들을 옥죄고 있습니다.

그런데 아이에겐 엄마 못지않게 아빠랑 함께 놀고 어울리는 것이 무척 중요합니다. 분석 심리학에선 어머니는 아이의 영원한 자궁이라고 말합니다. 그만큼 아이의 인격적인 면이나 정신적인 면에서 뿌리 같은 존재가 어머니입니다(그래서 실은 아이가 커서 성인이 되어서도 어머니와 건강한 분리가 이루어지지 않아 오히려 문제가 생기는 경우도 많습니다.). 반면 아버지는 아이를 어머니로부터 사회로 인도하는 역할을 맡습니다. 즉 아이의 사회성을 기르는 데 있어 아주 중요한 첫 번째 롤 모델인 셈입니다.

한국은 유치원이나 초등학교에 남자 선생님들이 거의 없습니다. 즉 성장기를 보내는 아이들은 남자 어른을 많이 접하지 못하고 대개 여자 어른들에 둘러싸여 성장하게 되죠. 그래서 아빠와 함께하는 시간은 더욱 중요합니다. 사실 아빠들의 경우 아이를 위해 꼭 무언가를 해주지 않고 함께 놀아만 줘도 아이들에겐 무척이나 중요하고 귀한 자양분이 됩니다. 그러므로 여성들은 남편들에게 보다 진지하게 이 문제를 의논해야 합니다. 국가적으로도 저출산이 심각한 이때, 예산을 다른 곳에 쓸 것이 아니라 남성 육아휴직을 현실화하는 방안을 찾아야 하기도 합니다. 아이들을 위해서도, 엄마 그리고 아빠를 위해서도 말입니다.

셋째, 나만의 시간 확보하기

기혼 여성들이 모르거나 혹은 알아도 모른 척 하고 싶은 사실 중 하나가 바로 남편들이 주말에 자기만의 시간을 갖고 싶어 한다는 사실입니다. 물론 모든 남성들이 그렇진 않지만 대개는 주말의 나 홀로 시간을 그리워합니다. 일주일 내내 치열한 전투를 펼친 남자들은 주말이면 자기만의 시간을 갖고 재충전을 하고 싶어 합니다. 이건 가정에 대한 애정과는 별개로, 그저 생존방식일 뿐입니다. 반면 주중 내내 남편과 아빠가 그리웠던 식구들은 주말만 기다립니다. 남성보다 아무래도 관계지향적인 여성들은 시간이 나면 무조건 가족과 함께하는 것이 당연한 경우가 많습니다. 그리고 혼자 있으려는 남편들이 이해되지 않고, 섭섭하고 더 나아가서 화가 납니다.

하지만 위에서 말씀드린 것처럼 이젠 시대가 동등한 육아, 동등한 커리어를 지향해야 하듯, 엄마들도 자신만의 시간이 필요합니다. 가족이 다 같이 함께하면 좋겠지만 때론 아빠와 아이들만 시간을 보내고 엄마가 홀로 자신의 시간을 가질 필요도 있습니다(물론 반대로 엄마가 아이들하고만 보내고 아빠를 쉬게 해줄 필요도 있고요.). 어느 쪽이든 좋은 가족 관계를 오래 유지하기 위해선 서로에게서부터 한 걸음 떨어지는 시간이 필요합니다.

잘해야 하루 1~2시간, 주말 몇 시간일지 모릅니다. 그러나 그렇게 해서라도 여성은 자신만의 시간을 만들어야 합니다. 시간이 조금 남는다고 무조건 아이를 위해 쓰거나 끝도 없고 티도 나지 않는 살림에 투자하는 것은 당연한 의무라고 생각할지 모르지만 도리어 몸과 마음이 지쳐버리니 미래를 계획하고 실행하는 데 쓸 여력이 없게 되죠. 1주일 중 잠시 엄마를 내려놓고 본연의 나로 살 수 있는 시간 만들기. 이것이 기혼 여성들이 1인 기업가로 나만의 커리어를 만들어가는 데 가장 중요한 현실적 첫 걸음입니다.

넷째, 시사에 밝아진다.

어렵게 시간을 확보했습니다. 이 시간을 무엇으로 채워야 할까요?

어떤 분은 문화센터에 등록해서 취미활동부터 시작하면 좋겠느냐고 묻습니다. 그 또한 좋은 출발점이 될 수 있겠으나 저는 일단 사회적 이슈를 좀 더 면밀히 살펴볼 것을 제안합니다.

올해 대한민국은 1인당 GDP 3만 불에 도달하며 명실공히 선진국 대열에 들어선다고 합니다. 하지만 대중이 느끼는 사회적 격차는 그 어느 때보다 심각합니다. 한편 한동안 미사일을 펑펑 쏘아 올리며 남한을 사이에 두고 미국과 맞짱을 뜨던 북한 김정은은 두 차례에 걸친 남북 정상회담과 한 차례의 북미 정상회담을 치렀습니다. 그리고 현재 우리는 지방선거를 치른 후 양당 체제의 한계를 극복하는 방안과 개헌 공방을 벌이고 있습니다. 야당은 잃어버린 민심을 되찾기 위해 탈출구를 모색하고 있으며, 민심은 촛불혁명의 완성을 부르짖으며 적폐청산에 대한 목소리를 높이는 동시에 한편에서는 정부의 경제 정책에 대한 찬반양론이 대립하고 있습니다. 이 모든 일들이 내 삶에 어떤 영향을 끼치게 될까요? 그리하여 나 그리고 우리 아이의 미래는 어디로 흘러갈지 이제 여러분 스스로 묻고 답하실 수 있어야 합니다. 내가 살고 있는 시대와 공간의 판이 어찌 형성되고, 어찌 흘러가는지 대략적으로 이해할 수 있으면 한 개인으로서 내가 가야 할 방향성을 잡는 데 훨씬 도움이 되기 때문입니다.

다섯째, 가장 작은 단위의 일을 시작한다.

그렇다고 외부 상황에 맞춰 내 일을 결정하라는 뜻은 절대 아닙니다.

남성 편에서도 말씀드렸듯이 일은 오히려 내 안에서 찾아야 합니다. 다만 인구절벽 시대의 교육 시스템은 내가 받은 교육 체제와는 달라도 많이 달라야 하고, 달라질 것입니다. 사실 개인들이 일상의 생활에서 피부로 느끼지는 못하지만 소리 없이 한 사회의 구조와 성격에 가장 큰 변화를 불러오는 요인이 바로 인구변동입니다. 2018년부터 퇴직인구가 생산인구를 웃도는 한국 사회는 향후 몇 년간 침묵의 격변이 발생할 수밖에 없습니다.

그러므로 시사에 밝아졌다면, 그리하여 스스로 이 사회가 어느 방향으로 전개되어 갈지 어느 정도 예측 가능해졌다면 무작정 아이를 사교육 열풍에 몰아넣기보다는 아이도 나도 좀 더 하나의 독립체로서 자기 개성 찾기로 방향전환을 시도해봅시다. 아이는 도저히 그리 못하겠다 싶으면 일단 나부터 시작합니다. 1인 기업가로서 인생 커리어를 만들려면 무엇보다 내가 누구인지, 뭘 좋아하는지부터 파악해야 합니다. 그런데 기혼 여성들은 '나'라는 존재로부터 너무 멀어져 있습니다. 그러나 마음만 먹으면 전 세계 최고의 교육열을 만들어낼 수 있는 힘과 열정을 가진 사람 역시 우리나라 엄마들입니다. 이 에너지의 일부를 스스로에게 투자하면 분명 나와 우리 가정부터 서서히 달라지게 만들 수 있습니다.

그렇게 나를 찾고, 내가 좋아하고 잘할 수 있는 일을 찾으면 여성들은 엄마들 특유의 장점을 살려 주변에 소그룹 모임을 만들어 보다 빠르게 인생 전환을 시도할 수 있게 됩니다. 남성들은 기질적으로 어렵고 시시해서 하기 싫은 작은 단위 시작이 여성들에겐 친근하고 익숙합니다. 여기에 덧붙여 만약 내가 쌓고자 하는 커리어가 아이들과 연관이 있다면 진입장벽이 사라지는 효과도 있습니다. 엄마들은 이 세상에서 가장 아이를 잘 알고, 가장 큰 영향력을 행사할 수 있는 위치에 있기 때문이죠.

결론적으로 기혼 여성들은 아직까지 1인 기업가 참여도가 상대적으로 낮지만, 잠재력은 높다고 생각합니다. 일단 의식의 전환이 일어나기 시작하면 프리랜서로 생활해야 하는 1인 기업가의 생태가 여성들에겐 어렵지 않기 때문입니다. 게다가 소규모로 시작할 수 있는 엄마들 간의 강한 네트워킹이 활용 가능하기에 생각보다 자신만의 스몰 비즈니스를 만들기가 어렵지 않습니다. 더군다나 아직 남편들이 회사에서 버텨줄 때 시작한다면 시간적으로나 물질적으로 남성보다 유리한 입장에서 자신의 새로운 세상을 만들 수 있기도 합니다. 문제는 이 모든 일련의 과정들을 인생 커리어를 개발하는 전문적 시각과 전략으로 접근할지, 아니면 단순히 취미 생활로 대할지 그 차이입니다. 세상이 날 인정해주기에 앞서, 내가 먼저 날 인정해주기. 어쩌면 기혼 여성들이 전문가가 되어 사회에 복귀하는 데 가장 필요한 일일지도 모르겠습니다.

이상으로 지난 6년간 만나온 기혼 여성들의 이야기를 정리해 보았습니다. 지금 이 시각에도 나보다 아이를 우선하여 고군분투하고 있을 이 땅의 모든 어머니들께 늘 경의를 표합니다. 저 또한 그런 애정과 희생으로 길러졌기에 말입니다. 그럼에도 이젠 조금은 당신들의 삶도 챙기셨으면 하는 바람입니다. 이 위기의 시대가 '나'라는 근원적 존재에 한 걸음 더 다가서는 기회가 되기를 진심으로 바랍니다.

싱글 여성 편

모든 사람은 결국 개별적인 존재다.

: 피터 드러커 :

이번에는 단군 이래 한민족 여성들로서는 가장 폭넓은 선택적 삶을 지향하는 싱글 여성들의 1인 지식기업가 이야기입니다.

"골드미스에겐 1인 기업가의 길도 고급 취미 중 하나"

이제는 생소하게 느껴지기까지 하는 '노처녀'라는 단어는 어딘가 음울함을 품고 있습니다. 마치 팔리지 않은 상품을 표현하는 것 같은 다분히 여성비하적인 뉘앙스입니다. 그러던 우리 사회가 IMF를 겪으며 노처녀와는 전혀 반대급부인 '골드 미스'라는 신조어를 탄생시킵니다. 결혼은 안 했지만 여성 스스로 경제적으로 자유롭고 그래서 기혼 여성들이 살림과 육아에 동동거리는 일상을 사는 동안 물질적, 시간적 자유를 마음껏 누리는 화려한 싱글 여성들, 골드 미스의 등장입니다. 골드 미스의 바통을 이어받아 알파걸, 엄친딸 등이 등장하며 바야흐로 여성들의 자기계발 열풍도 거세게 불었습니다. 단군 이래 한국 여성들에겐 가장 풍요로운 시간인 것 같습니다.

그러나 결혼까지 비껴가며 전문직 커리어 우먼으로 살아가는 이들에게도 현실의 유리천장은 높고 견고합니다. 대한민국에서 남성들만의 리그는 여전히 사회 곳곳에 존재하니까요. 게다가 사회적으로 성취를 이룬 남성을 향해 부정적 표현을 하진 않습니다. 반면 사회적 성취를 이룬 여성들을 향해선 독하다거나 기가 세다거나 하는 식으로 어딘가 부정적으로 표현합니다. 여전히 한국 사회에선 애교나 부드러움 등이 여성성이라는 암묵적 동의가 흐르는 사회이기 때문입니다.

그런 만큼 제아무리 탁월한 사회적 능력을 갖추고 있어도 여성들 스스로 '결혼'이란 화두 앞에서는 작아집니다. 대개 싱글 여성들이 자신도 모르는 사이 결혼을 ('안 했다'가 아니라) 못했다고 표현하는 경향이 있습니다. 물론 한국인의 정서상 겸손이 미덕이긴 합니다. 그럼에도 싱글 여성들이 결혼을 대하는 태도는 여전히 인생 숙제를 하지 못한, 그래서 어딘가 모범적이지 못한 껄끄러움인 경우가 많습니다.

그렇기에 회사에서 밀리거나 사회적으로 막다른 골목에 처했다고 느낄 때 싱글 여성들의 심리는 출렁입니다. 여기다 여성들이 40을 바라보는 나이에, 즉 여자로서 결혼 마지노선에 거의 도달했다고 여겨지는 순간에 사회적 위기까지 찾아오면 한 순간에 마음을 바꿔 후딱 결혼을 해치우는 경우도 종종 목격합니다. 비록 벼락치기지만 이런 저런 기회를 빌미 삼아 인생 숙제를 끝낸다는 안도감과 함께 말입니다.

사실 싱글 여성들의 경우 사회적으로 잘 나갈 때는 기혼여성과 비교, 1인 지식기업가에 대한 관심도 많고 참여도도 높습니다. 다만 동세대 남성들과 비교하면 절대 치열하지 않습니다. 오히려 시대를 앞서가는 깨어 있는 여성임을 드러내기 위한 고급 취미생활 같은 태도로 대하는 경우도 많습니다. 그러다 위에서처럼 사회적으로 코너에 몰리거나 나이로 인한 압박이 심해지면 지금까지 경력이나 1인 기업가로의 준비를 모두 내던지고 결혼으로 급회전을 하기도 합니다. 그리곤 싱글일 때는 절대 자신은 그러지 않으리라 다짐하고 또 다짐했던 단순직으로 커리어 조정이나 심하게는 경단녀의 길로 직행합니다. 대개 싱글 여성들은 잠재적 경단녀의 가능성을 어느 정도는 내포하고 있는 셈입니다.

젊은 남성들은 결혼하고 아빠가 된다고 자신들의 커리어를 놓지 않습니다. 그에 비해 젊은 여성들은 엄마가 되면 단순직으로 간신히 버티거나 아니면 경단녀가 됩니다. 현실에서 대기업의 유리 천장을 통과하는 여성들은 정말이지 극소수입니다. 사회적 장벽에 부딪혀 너무 괴로워하지 않아도 됩니다. 더불어 이젠 남성들도 오래 버티지 못하는 그곳에 미련을 가질 필요도 없습니다. 그보단 싱글일 때, 싱글이기에 누릴 수 있는 시간적 자유를 활용하여 결혼 후에도 이어갈 수 있는 1인 지식기업가의 기반을 닦아놓는 것이 긴 인생길에 훨씬 유익합니다. 문제는 일찌감치 1인 기업가의 길로 들어서고도 여성들에겐 이 모든 것이 한 순간에 연기처럼 사라질 수 있다는 사실입니다. 다음은 싱글 여성을 위한 저의 제안입니다.

:: 싱글 여성을 위한 1인 지식기업가 조언 ::

첫째, 홀로서기를 한다.

아무리 시대가 바뀌었다고 해도 한국 여성들은 상대적으로 관계지향적이거나 체제순응적인 면이 유전자 깊이 각인되어 있습니다. 이런 면이 지금까지 한국사회의 전통적인 가족 문화를 지탱해오는 중추적 역할을 해온 것이 사실이지만 이제는 시대가 너무 변했습니다. 무엇보다 남성 혼자 평생 가정을 책임질 수 없습니다. 그게 아버지든 남편이든 똑같습니다.

그러므로 지금부턴 여성들 또한 일찌감치 홀로서기를 해야 합니다. 홀로서기란 커리어적인 면도 중요하지만, 이보다 먼저 존재적으로 홀로서기가 되어야 합니다. 그래야 길고 긴 인생에서 외부의 힘에 흔들리지 않고 살아갈 수 있습니다. 여성들이 홀로서기를 할 수 있는 가장 좋은 시기는 결혼 전입니다. 특히나 요즘처럼 결혼을 늦게 하는 시대에는 더욱 그러합니다. 결혼 후에는 출산과 육아라는 격랑을 타야 하기 때문에 중심을 잡기가 너무 어렵습니다. 내가 누구인지, 나는 어떤 삶을 지향하는지 가능하면 파트너를 만나기 전에 존재론적으로 내 삶의 방향성을 정한다면 이후부터 삶은 내게 가장 어울리는 방향으로 훨씬 더 자연스럽게 흘러갈 수 있습니다.

둘째, 〈사랑+존중〉이 가능한 파트너십을 고려한다.

드라마나 영화를 보면 겉으로는 얼음공주 같은 차도녀들이 마음속으론 여전히 백마 탄 왕자님을 기다리는 설정이 자주 등장합니다. 그런가 하면 남성들의 권력만큼이나 여성들은 로맨스에 마음을 쏟습니다. 3번의 결혼 끝에 인생 파트너를 만나며 사랑에 대해 가장 깊은 탐구를 한 심리학자 에리히 프롬에 의하면 진정한 사랑은 감각적인 사랑이 끝나는 바로 그 지점에서 시작된다고 합니다. 분석 심리학의 대가 융의 말을 빌려 설명하자면, 여성들이 꿈꾸는 로맨스는 자신의 결핍이 투사된 감각적인 사랑으로서 때가 되면 반드시 식을 수밖에 없다고 합니다. 결국 '사랑이 어떻게 변하니?'가 아닌 사랑은 변하는 거였습니다.

그러나 세계적인 신화학자 캠벨에 의하면 변하지 않는 관계는 가능하다고 말합니다. 상대방을 위한 불꽃 튀는 희생이 아닌, 서로 존중하여 관계 그 자체를 지키기 위해 함께 노력할 때, 그 사랑은 와인처럼 깊어지며 지킬 수 있다고 합니다. 열정적인 사랑과 그윽한 관계는 비슷한 듯 다른 것 같습니다. 모든 와인이 포도라는 같은 원료로 만들었지만 제작 과정에 따라 깊이가 달라지는 것처럼 말입니다.

그러므로 20대 어린 시절에는 한 번쯤 치기 어린 열정에 나를 맡겨보았더라도 이제 커리어를 지향하는 어른 소녀가 되어 홀로서기를 이루었다면 그에 걸맞은 파트너십에 대해서도 생각해 볼 때가 되었습니다. 나를 사랑해주는 사람도 중요하지만 결혼이라는 길고 긴 관계를 와인처럼 성숙시켜 나가기 위해서는 나를 존중해주는 사람이 중요합니다. 사랑하는 사람도 중요하지만 예상치 못한 수많은 이야기들을 함께 써나가기 위해서는 존중할 수 있는 사람이 중요합니다. 비록 마음은 늘 소녀일지라도, 남은 인생 내 존재와 커리어를 지켜나가기 위해서는 무엇보다 누군가를 만나기 전 성숙한 파트너십에 대한 내 중심이 바로 서야겠습니다.

셋째, 결혼 전, 인생 커리어를 유지할 승부 콘텐츠를 찾는다.

동세대 남성들이 가정을 꾸린 뒤에도 최대한 승부 콘텐츠를 확장하는 것에 비해, 여성들은 승부 콘텐츠를 현실에 맞게 설계하는 경향이 있습니다. 심지어 결혼 전에도 그런 경향이 강하죠. 아마 구직활동을 시작할 때부터 여성이라는 장벽을 경험하며 자연스레 몸에 밴 습성 같습니다. 그러나 1인 지식기업가의 길을 설계할 때는 현실적 타협안을 버려야 합니다. 그런 식으로 스스로의 생각을 한계 지으면 자칫 진정 좋아하고 잘할 수 있는 콘텐츠가 아닌 그나마 할 수 있을 것 같은 그저 그런 시들한 꿈을 나의 승부 콘텐츠로 삼을 가능성이 높습니다. 그런 시들한 꿈으론 결혼 후 몰려오는 출산과 육아라는 일상에서 나를 지켜낼 수 없습니다. 아직 자유로울 때, 내 안의 자유를 마음껏 풀어주어야 합니다.

그러므로 마음껏 과감해지고, 마음껏 상상해도 좋습니다. 스티브 잡스가 아이폰을 구상할 때 그건 정말 미친 꿈이었을 뿐입니다. 미래는 지금의 우리는 상상조차 하지 못할 엄청난 변화가 도래하는 사회입니다. 그러므로 싱글 여성들의 톡톡 튀는 상상력을 맘껏 풀어주시기 바랍니다. 동세대 남성과 비교, 보다 감성적인 것이 여성의 장점인 만큼, 자신의 창조력을 풀어놓고 일상의 예술가가 되어 보시기 바랍니다. 분명, 마음속 깊은 곳에서부터 본능적으로 끌리는 일이 수면 위로 올라올 것입니다. 그 실마리를 잡고 운명적 여행을 떠나면 됩니다. 절대 패키지 상품에 여러분의 꿈을 제한시키지 마시기 바랍니다. 그런 시대는 이미 저물었습니다.

넷째, 결혼 전, 승부 콘텐츠에 맞는 커리어를 구축한다.

가능한 한 높이 나의 별을 쏘아 올렸다면, 이제 그 별에 주파수를 맞추고 그 방향으로 현실의 일을 조정합니다. 여성들은 대기업에서 수직 사다리타기 게임에서 살아남을 가능성이 희박합니다. 그 뜻은 반대로 남성들과 비교, 훨씬 자유로워도 된다는 의미입니다. 여성이기에 겪어야 하는 위기를 이젠 여성 스스로 기회로 바꿔야 합니다. 절대 한 회사에 오래 머무르지 마시기 바랍니다. 어차피 남성과 비교할 때 월급도 작고, 승진은 요원합니다.

그보단 직장을 옮겨 다니면서라도 내가 정한 나의 1인 지식기업가 커리어를 향해 도움이 되는 경험과 경력을 쌓아가기 시작합니다. 그러면서 여성의 장점을 살려 내 분야에서 나만의 네트워킹도 서서히 구축합니다. 즉 싱글일 때 나와 내 콘텐츠가 중심이 되어 내 현업과 네트워킹을 서서히 그러나 단단히 구축하기 시작합니다. 그럼 어느 시점에선가 결혼을 하게 되고, 출산을 하더라도 지속성을 지니고 작은 단위의 프리랜서 일을 도모할 수 있습니다.

잊지 마시기 바랍니다. 싱글 여성들은 지금 커리어적인 측면으로 볼 때, 가장 자유롭게 준비할 수 있는 시기입니다. 그 시간, 철저히 자기 중심적으로 잘 활용하시기 바랍니다. 그에 따라 남은 인생의 여러 갈림길들 중 여러분이 원하는 길을 선택할 수 있는 기회가 생깁니다. 세상이 날 선택하기 전에, 내가 세상을 선택하기. 그 기회를 놓치지 마시기 바랍니다.

다섯째, 자신만의 철학을 세운다.

그러려면 무엇보다 자신만의 철학이 필요합니다. 첫 번째로 말씀드린 홀로서기가, 심리적인 측면에서 인생의 방향성을 주체적으로 정하는 것을 의미했다면, 철학은 그렇게 정한 방향성으로 흔들리지 않고 지속적으로 걸어갈 수 있는 힘을 뜻합니다.

철학이라고 꼭 어려울 필요는 없습니다. 지금까지 감성을 터치하는 에세이를 읽었다면, 한 번쯤 울림 깊은 인문고전을 읽어보면서 또 다른 깊이를 체험해 보세요. 짧게는 수십 년에서 길게는 수백 년 동안 살아남으며 영혼의 빛처럼 인류를 비춰온 이야기 속에는 인생을 향한 은은한 지혜들이 넘쳐납니다. 그럼에도 오래된 인물들 만나기가 낯선 분들은 인문고전을 재해석해 놓은 책들이라도 충분히 괜찮습니다. 아무쪼록 흔들릴 때는 동시대인들의 이야기보다는 앞선 이들의 이야기가 좋습니다. 시대적 배경은 다를지라도 그들은 이미 저희가 고민한 모든 것들을 한 발 앞서 고민하고 그에 대해 역사상 가장 현명한 답을 제시해놓았습니다.

결론적으로 싱글 여성들은 현재 가장 자유롭지만 내적으론 가장 불확실한 심리상태를 안고 살아가는 분들입니다. 동세대 남성 대비 아직 사회적 한계에 부딪히며 그만큼 좌절하고 위축도 많이 됩니다. 그러면서 자의든 타의든 의지할 곳을 찾거나 관계발전에 더욱 매달리게 됩니다. 그러나 여성들도 일생 여자로서만 살아가는 시대는 급격히 저물고 있습니다. 여자와 엄마로 살아가는 시간도 있지만 동시에 한 인간으로서도 살아가야 합니다. 그러기 위해선 무엇보다 스스로 자신의 삶을 책임질 수 있어야 하는데 여기엔 심리적인 면과 커리어적인 면 모두가 포함됩니다. 어느 면으로 보나 홀로서기가 중요하고, 홀로서기는 결혼연령이 늦어지는 시대적 흐름상 결혼 전에 하는 것이 필요합니다(결혼을 하고 엄마가 되어 비로소 어른이 되는 경우가 많습니다만, 그때는 커리어를 전문적으로 개발하는 게 불리해집니다.). 혼자일 때 홀로서기를 이루어, 내게 맞는 1인 지식기업가의 길을 모색하고, 그 길을 존중해주는 파트너십을 지향해봅시다(그러다 사랑이 오면 또 온 마음 가득 사랑을 하세요.).

2009년 내 앞에는 세 가지 갈림길이 있었다.

하나는 출판계통의 작은 회사에서의 일이었다. 이전 컨설턴트로 일할 때에 비하면 비교할 수 없을 만큼 연봉도 작고 근무환경도 열악했다. 다만 한 가지 내가 오래도록 소망했던 인문학 계통의 일이라는 것 오직 그 하나가 위로인 셈이었다. 그러나 현실은 멀리서 바라본 아련한 로망과는 너무 다르기에 난 어떡해야 그곳을 벗어나 내가 진짜 원하는 삶을 살 수 있을까 매일 전전긍긍했다. 그런데 문제는 내가 진짜 원하는 삶이 무엇인지를 모른다는 것이었다. 이과 계통이 나와 맞지 않는다는 것은 진작에 알아 그나마 문과 계통에서 밥이 수월하게 해결될 것 같은 비즈니스 공부를 하였다. 그리하여 밥은 그럭저럭 쉽게 해결되었는데 문제는 그 밥이 목구멍에 걸려 잘 넘어가지 않았다. 그리하여 인문학 계통으로 일을 옮기고 보니 이젠 밥 자체가 너무 거칠고 뻑뻑했다. 이래저래 난 소화불량 상태였다. 도대체 난 무슨 일을 하며 밥을 해결해야 하는 건지 참으로 답답했다.

그럴 때 대개 우리나라 사람들이 생각하는 건 역시나 "공부"다. 우린 전 세계 최고의 학구열을 자랑하는 자랑스러운 배움의 민족이니 말이다. 나 역시 '박사나 공부할까?'가 두 번째 길이었다. 그런데 너무 말이 안 되는 일이었다. 비즈니스가 싫어서 회사까지 뛰쳐나와 놓고 경영학 박사라니. 앞뒤가 안 맞아도 너무 안 맞는 일이었다. 그럼에도 다른 전공으로 바꾸면 처음부터 다시 시작해야 하니까 그도 망설여졌다. 그때까지만 해도 공부든 일이든 무조건 위로 올라가야 한다는 수직 패러다임에 갇혀서 일단 공부를 하게 되면 경영학 박사 코스를 밟아야 한다고 생각했다. 그러다 보니 공부가 그나마 현실에서 도피하기 가장 좋은데 공부를 위한 공부는 나를 점점 더 수렁으로 끌고 들어갈 것만 같은 기분이 들었다.

그때 기적같이 만나게 된 것이 구본형 스승님의 변화경영연구소였다. 사실 며칠간 진행하시는 꿈벗 프로그램을 찾아갈 때만 해도 연구원까지 하려던 건 아니었다. 그저, 누군가 내 이야기를 듣고 위로해주고 답을 줄 수 있는 진짜 스승 같은 어른이 계시다면 그걸로 충분하단 생각이었다. 그런데 꿈벗에서 스승님을 뵙고 나니 그분의 제자가 되어야겠다는 생각이 들었다. 사부님이야말로 경영학과 인문학을 접목하여 당신만의 세계를 구축하셨으니 내게는 너무도 적합한 스승이었다. 그 확신이 너무 강렬해 스스로를 이성적으로 안심시킬 정도였다. 그러나 진짜 이유는 세상이란 경쟁에서 잠시 내려와 변경연이란 따뜻한 울타리 안에 머물며 그동안 세상에서 부대낀 마음을 잠시 쉬고 싶었다.

그렇게 외부 흔들림에 지쳐 세상에서 도망치듯 시작한 변경연 연구원 생활이 그때까지 내가 살아왔던 삶과는 전혀 다른 낯선 세계로 끌고 갈 것이라고는 상상조차 하지 못했었다. 10년을 걸어와 지난 시간들을 되돌아보며 그때 만약 내가 변경연 연구원이 되지 않고 나머지 두 길 중 하나를 선택했으면 지금쯤 어떻게 되었을까? 생각해보았다.

출판계통의 작은 회사에 계속 다녔다면 얼마 못 가서 다른 곳으로 이직했을 것 같다. 그리고 그곳 또한 작은 영세기업들이 그러하듯 꿈과 현실의 괴리감에 결국 또 나오고, 또 나오고…… 그렇게 몇 번의 이직에 이직을 이어가다 결국 프리랜서 번역가로 자리매김을 했을 것 같다. 만약 내가 회사라는 곳에 몸담지 못할 경우 내게 남겨진 마지막 밥벌이 수단은 번역이었기에 말이다.

반면 비즈니스 공부를 이어갔으면 어땠을까? 비즈니스 세계가 싫어 도망친 내가 박사라니. 상상도 하고 싶지 않다. 도저히 공부를 해냈을 것 같지 않지만, 만약 운 좋게 박사 학위를 딴다고 해도 쓸데없이 길어진 가방 끈 때문에 그야말로 그 어떤 곳에도 발도 못 붙이고 결국 프리랜서 번역가가 되었을 것 같다. 번역 일 역시 전공에 따라 해야 하니 경제경영 전문 프리랜서 번역가 말이다. 안 그래도 번역 일을 싫어하는데 경제경영 전문 번역가라니. 생각만으로 답답함이 차오른다.

첫 책 〈1인회사〉 출간 후 지금까지 강의나 워크숍을 통해 예전의 나 같은 고민을 안고 있는 분들을 수없이 만나오고 있는 중이다. 끝이 보이는 이직을 전전하거나 잠시 현실을 피해 석박사 공부를 하거나 그도 아니면 프랜차이즈 자영업에 뛰어들어 자본금을 잃거나 그러다 결국 막다른 길에 도달하면 각자 지니고 있는 최후의 그러나 최소한의 밥벌이 수단에 매달려 눈물 젖은 빵을 먹어야 하는 것이 현재를 살아가는 대한민국 중년들의 자화상이다.

　현실에서 모든 문이 닫힌 것 같았을 때, 난 두렵고 떨렸지만 스승님을 믿고 변경연이란 낯선 문을 열었다. 사부님은 나를 진짜 공부의 길로 이끄셨고, 진짜 삶을 살 수 있게 해주셨다. 지난 10년, 전환의 길을 걸으며 어려움이 없었던 것은 아니지만 그 어려움들은 무조건 나를 코너로 모는 답답함이 아닌 나를 좀 더 나답게 길러내기 위한 정제의 시간들이었다. 그리하여 이제 한 사이클을 마치고 다시 새로운 10년의 시작을 바라보니 지금은 내가 어디를 향해 가는지 알기에 크게 두렵거나 떨리지는 않는다. 어느새 나도 청춘의 시기를 훌쩍 지났기에 지금부터 10년은 조금은 천천히 가주었으면 하는 바람도 있지만 그럼에도 어제의 나보다 오늘의 내가 조금 더 미더운 것 또한 사실이다. 그리하여 내일의 나는 오늘의 나보다 조금은 더 충만한 삶을 살 것이라 확신하기에 세월을 거슬러 담담히 나만의 북극성을 향해 한 걸음씩 더 나아가는 삶, 그것이 스승님께서 내게 물려주신 〈진짜 공부〉이다. 우리는 모두 스스로 빛나는 별임을 이제는 믿기에.

감사의
글

이 책은 변화경영연구소 마음편지 필진으로 연재한 글을 엮은 책이다. 필진의 기회를 주신 연구원 대표 및 동문회에게도 감사한 일이지만 무엇보다 매주 글이 연재될 때마다 댓글이나 메일로 응원해주신 변경인들에게 참으로 감사하다. 이 책은 나의 책이라기보다는 우리들의 책이란 생각이다. 무엇보다 제자로 받아주신 스승님께 진심으로 감사하다.

여전히 고민 많고 부족함도 많은데 그런 나를 믿고 따라주는 1인회사 연구원들에게도 이 자리를 빌려 감사한 마음을 전하고 싶다. 10년 전의 내 모습으로 연구소에 깃들어 조금씩 변하고 성장해가는 모습을 보면 혼자만의 글쟁이 삶이 아닌 연구원들과 함께하는 삶을 걸어오길 잘했다는 생각이 든다. 그런 의미에서 1인회사 연구원들은 귀한 인연이요 아름다운 선물들이다.

당신이 살아오신 불평등의 삶을 살지 말라고 혼신의 힘을 다해 길러주신 엄마에겐 감사하다는 말로는 부족하단 생각이다. 한동안 자랑스러웠던 딸이 백수 아닌 백수가 되어 골방에 처박혀 주야장천 책만 읽을 때 엄마는 또 얼마나 힘드셨을지. 그때 나를 바라보던 엄마의 슬픈 눈빛은 지금도 잊히지가 않는다. 아무래도 '감사합니다'에 '죄송합니다'까지를 덧붙여도 모자라는 분이 어머니라는 생각이다.

6권의 책을 쓰면서 책 제목이 이토록 마음에 든 적이 없었다. 편집장님과 대표님께서 정말이지 내가 이 책에서 하고 싶은 이야기를 온전히 이해해주셨구나 하는 생각에 마음이 뭉클하다. 부족한 글쟁이를 믿어주시는 방현철 대표님과 길들여지지 않은 원고를 멋지게 다듬어주시는 권병두 편집장님께 참으로 감사하다. 그런 의미에서 역시 글은 나의 작품일 수 있지만 책은 우리들의 작품임을 다시 한 번 깨닫게 된다.

이 한 권의 책이 나오기까지 이 외에도 또 다른 많은 분들의 손길이 더해져 세상에 나와 비로소 독자들과 만난다는 사실 앞에 출간한 책의 권 수가 쌓여갈수록 우리들의 소중함을 점점 더 느끼게 되는 것 같다. 인연 닿은 모든 분들께 감사하다.

구본형 선생님께 배운
진짜공부

지은이 | 수희향
펴낸곳 | 북포스
펴낸이 | 방현철
편집자 | 권병두
디자인 | 엔드디자인

1판 1쇄 찍은날 | 2018년 12월 7일
1판 1쇄 펴낸날 | 2018년 12월 14일

출판등록 | 2004년 02월 03일 제313-00026호
주소 | 서울시 영등포구 양평동5가 18 우림라이온스밸리 B동 512호
전화 | (02)337-9888
팩스 | (02)337-6665
전자우편 | bhcbang@hanmail.net

이 도서의 국립중앙도서관 출판시도서목록(CIP)은 e-CIP 홈페이지(http://www.nl.go.kr/ecip)와
국가자료공동목록시스템(http://www.nl.go.kr/kolisnet)에서 이용하실 수 있습니다.
(CIP제어번호 : 2018037793)

ISBN 979-11-5815-047-1 03190
값 15,000원